非暴力沟通的父母语言

徐可夫 著

天津出版传媒集团
天津科学技术出版社

图书在版编目（CIP）数据

非暴力沟通的父母语言 / 徐可夫著. -- 天津 : 天津科学技术出版社, 2022.4（2023.3重印）

ISBN 978-7-5576-9932-1

Ⅰ. ①非… Ⅱ. ①徐… Ⅲ. ①家庭教育 Ⅳ. ①G78

中国版本图书馆CIP数据核字(2022)第038095号

非暴力沟通的父母语言

FEIBAOLI GOUTONG DE FUMU YUYAN

责任编辑：李晓琳

出　　版：天津出版传媒集团
　　　　　天津科学技术出版社

地　　址：天津市西康路35号

邮　　编：300051

电　　话：（022）23332695

网　　址：www.tjkjcbs.com.cn

发　　行：新华书店经销

印　　刷：唐山市铭诚印刷有限公司

开本 880×1230　1/32　印张 5　字数 100 000

2023年3月第1版第2次印刷

定价：36.00元

序
PREFACE

写给父母的话

——我们都不完美，你的焦虑和无助我都懂

前段时间，我参加了一个关于儿童心理学研究的讲座，完毕之后，很多父母都在抱怨：为什么孩子如此难管教？明知道上学要迟到了，他依然磨磨蹭蹭；天已经黑了，还只顾着在外面玩儿不回家；该吃饭的时候说不饿，该睡觉的时候却哭闹着说晚餐没有吃饱……这样的场景每天都会上演，最后的结果总是父母咆哮不休，孩子哭闹不止。

我完全理解这些父母的感受。我也跟他们一样，并不能让自己一直保持着温柔和理性，也曾因为各种各样的理由向我的孩子大吼大叫过，也常常对孩子失去耐心，否定、忽略孩子的真实感受。更加不堪的是，我曾经将自己的不良情绪发泄到孩子身上，任孩子小小的心灵承受着我的怒火。

生活中的大多数父母都有类似的经历。或许是压力太大，生活中的“一地鸡毛”本就让我们不堪重负，所以，我们期待那个小人儿能变得乖一点儿。但是，小小的孩子又怎么能理解我们的期望

呢？于是，即便我们怀着对孩子最深的爱，依然免不了用最可怖的语气跟他们说话。

作为父母，你肯定也曾在打骂孩子之后深深自责过，也曾为此而苦恼。但是，请不要过分苛责自己，“父母”这个称呼虽然神圣，但是我们并不是圣人，无法让自己的心情永远保持愉悦，语气永远和善温柔。作为一个普通人，我们都会有情绪失控的时候。我们都不完美，也不可能做到完美。但是，只要我们愿意重新去认识、理解我们的孩子，并且愿意为此做一些积极的改变，就会发现，一切都会变得不同。

为人父母是一场旷日持久的修行，你不是这条路上唯一的苦行僧，夜深人静之时困惑绝望的人也不止你一个，我走过你所走过的弯路，感受过你所有的感受，你的焦虑和无助，我都懂。我们都是不完美的父母，但我们都期待和孩子一起成长，养育孩子是一件任重而道远的事，而良好的亲子关系要从好的沟通开始，你准备好了吗？

目 录
CONTENTS

第三章 赞美与批评：孩子终会成为你期待的样子

第四章 激发内驱力：增强孩子的核心竞争力

第五章 性格塑造：可贵品格是坚实的“人生基座”

第六章 自我控制：告别伤人的亲子关系

第一章

停止吼叫，你可以这样做

「导语」 关键词：倾听 + 接纳

我常常听到一些父母抱怨：“为什么我的孩子那么不听话？每天早上送他上学的时候总是磨磨蹭蹭，放学后总是想和同学在外面玩儿而不回家吃饭，每天晚上不按时睡觉……”

这样的场景每天都会重复上演，最后的结果通常都是：父母大吼大叫，变得异常暴躁；孩子委屈掉泪，甚至记恨父母。

事实上，期待用说教、打骂、威胁、警告、贿赂等方法让孩子变得听话，根本无济于事。任何以牺牲亲子关系为代价的沟通方式都是失败的。或许孩子在你的压迫下会变得看起来很听话，但这并不是长期而有效的管教方式，也不是有效的沟通方式。

其实，除了吼叫，我们还可以有更多的方式跟孩子说话，只要我们能做出一些积极而有效的改变，认真倾听孩子的心声，认同孩子的感受，富有同理心，并用尊重的口吻跟孩子说话，孩子自然会平静、主动地与我们合作。

有效的沟通从倾听开始

沟通是一种信息的交互，是心与心的交流，而不仅仅是张嘴说话那么简单，所以，有效沟通的前提是学会倾听孩子说话。

个案回顾

朵朵上幼儿园大班，在这个天真活泼的年纪，朵朵看起来与其他小朋友的聒噪大不相同，有点儿过于安静了。朵朵妈妈很想跟朵朵谈谈心，每次在接朵朵放学回家的路上，朵朵妈妈都试着寻找话题，问朵朵在幼儿园的情况，但是朵朵总是沉默不语，假如多问几句，她就有可能大发脾气，或者干脆抹眼泪。

这个年纪的孩子，不都是叽叽喳喳地在妈妈耳边说个不停吗？朵朵妈妈开始有点儿担心朵朵的状况，究竟是哪里出了问题呢？朵朵妈妈百思不得其解。

直到一天，当朵朵妈妈再次询问朵朵为什么不说话的时候，朵朵生气地大声喊道："平时我跟您说话的时候，您总是说听着呢，但是眼睛却没有离开过手机，手机的声音那么大，您怎么能听见我说什么，您根本就没有认真听我说话，我说了有什么用？"

朵朵妈妈刚想为自己辩解，但又觉得朵朵说的没错，她无力反驳。

案例分析

朵朵妈妈想要认真地跟孩子沟通的时候，朵朵表现出明显的厌烦情绪，甚至干脆关闭心门，究其原因就在于朵朵妈妈长时间对朵朵的敷衍和忽略。

随着年龄的增长，生活阅历的增加，生活中很难轻易打动大人，却令很多孩子兴奋不已的东西，在大人看来就很幼稚。所以，当孩子跟我们分享他的趣事时，我们很难认真专注地去倾听，更别说去理解他们的想法，体会他们的感受了。

而孩子真正需要的，不是你的敷衍，而是你能够暂时放下手中的事，看着他的眼睛，心无旁骛地去倾听他的话语。这样的倾听，才是对孩子最大的尊重和鼓励。

现在试试这样做

“听到”和“倾听”看似一样，其实它们有很大的区别。“听到”只表示孩子的话语在你的耳朵里转了一个圈儿，而“倾听”不但是入了耳，更是入了心。

1. 放下手中的事，认真倾听孩子的心声

或许你正在看书，打扫房间，或者是追剧……不管你在做什么，请暂时停下来，和孩子一起坐下来，注视着孩子的眼睛，认真地听他想说什么。只要我们认真地倾听了，即使我们的沟通技巧稍微欠缺，也能收到良好的沟通效果。

2. 对孩子的话题表现出极大的兴趣

虽然孩子所说的事在我们看来也许有些幼稚，但是请闭上我们的嘴巴，把说话的权利留给孩子，把自己当作一个容器，不管孩子说的是什么，都毫无保留地放进去，不要急着打断他，也不要表现出缺乏兴趣。只有孩子感受到你对他的话有着浓厚的兴趣，孩子才会感觉被尊重，他才愿意更多地向你倾诉。

3. 及时回应，引导孩子更好地表达感受

我们在听孩子说话的过程中，为了让孩子感受到我们在认真地听他说话，我们需要做一些简单的回应，可以重复孩子的话，也可以适当地提一些简单的问题引导孩子，帮助孩子更好地表达自己的感受。如此，孩子才愿意主动跟我们交流，我们才能更好地了解孩子。

4. 最重要的是你的态度

倾听的技巧和方法多种多样，但最重要的是你的态度。我们在听孩子说话的过程中，一定要语气平稳，态度温和，用慈爱的目光注视孩子。你对孩子所说的话是否感兴趣，你是不是在认真地听，孩子都能真切地感受到。

场景模拟

场景一

晚上，女儿和妈妈躺在床上。

女儿：“妈妈，我不想睡。”

妈妈：“不想睡觉，你想干吗？”

女儿：“我想跟您聊聊天。”

妈妈："聊什么聊，都几点了，明天想要迟到吗？我看你就是不想睡，我是你妈，你那点儿小心思还能瞒得住我？"

女儿委屈极了，也不敢顶撞，带着糟糕的心情入睡了。

场景二

晚上，女儿和妈妈躺在床上。

女儿："妈妈，我不想睡。"

妈妈："哦。你是不是感觉并不是很困？"

女儿："是啊，我还不是很困。我想跟您聊聊天。"

妈妈："如果你确实不是很困，那我们就聊十分钟吧。"

女儿："好的，妈妈。"

十分钟之后，女儿乖乖地闭上嘴巴，心情舒畅地入睡了。

值得思考

大多数父母在跟孩子沟通的时候，都没有足够的耐心听孩子把话说完，而是按自己的理解指导或教训孩子。其实，大多数时候，孩子跟父母说话，只是想要父母能够认真地听他们诉说，理解他们的感受，并不想听到父母的训导。所以，不要粗暴地打断孩子的话，更不要用自己的思维替孩子下结论，最有效的沟通是闭上嘴巴，认真倾听。

想一想，你应该怎样倾听孩子说话呢？

理解孩子的感受对沟通至关重要

孩子为什么总是习惯性地与大人对抗？归根到底是因为我们总是忽略并否定孩子的感受。孩子有什么感受，就会导致什么行为，简单来说就是，孩子有好的感受，才会有好的行为。所以，理解孩子的感受对沟通至关重要。

个案回顾

早餐时间，妈妈给辰辰端来一碗粥。辰辰喝了一口，立马吐了出来，一边吐一边哇哇大叫：“好烫！”

妈妈把粥拿过来，尝了一口，皱着眉头说道：“不烫啊，我觉得温度刚好。”说完将碗递了过去。

“不，就是烫，我吃不了。”辰辰将碗推了回来。

“一点儿都不烫，你不想吃就明说，不要找借口。”妈妈有点儿生气地说。

“我说烫，您偏不信，就知道发脾气，我不喜欢这样的妈妈。”孩子闹起了别扭，赌气离开了餐桌。

案例分析

以上这样的对话，在日常生活中出现的频率相当高，我们总是习惯性地否定孩子的感受来作为回应，最终的结果往往不尽如人意，甚至引发争吵。

为什么会出现这样的局面呢？归根到底是我们习惯了用自己的眼光去看待世界，用自己的思维去思考问题，所以，我们强硬地给孩子灌输我们的人生经验，要求孩子不要相信自己的感受，而是遵循我们给出的判断。当孩子的感受一次又一次地被否定，他们就会感觉困惑和愤怒，最终引发争吵。

作为父母，我们的出发点当然是爱孩子，我们怕孩子饿了、累了、病了、品格败坏了……我们希望自己能够成为孩子的灯塔，引导孩子一路前行，希望孩子不要行差踏错。然而，往往就是因为这份爱，让我们理所应当地去干涉孩子的成长。当孩子感觉自己的感受被否定，自己的权利被侵犯，他当然会去捍卫自我，因此不可避免地陷入与父母的权利之争。

现在试试这样做

尊重和理解是沟通的第一个要素，它要求我们肯定并接纳孩子的感受，用孩子的眼光去看待这个世界，用孩子的思维去思考问题，用心去感受孩子的感受，而不是用自己的感受去替代孩子的感受。

1. 站在孩子的立场，表达出对孩子感受的理解

从前面的分析我们可以知道，孩子之所以拒绝合作，究其原因是我们否定了孩子的感受。当我们向孩子表达出对他感受的理解，并对他的感受做出回应时，孩子的表现自然会好起来。

2. 与孩子产生共情

告诉孩子我们也曾面对相同的处境，也曾有相同的感受，与之产生共情，并表达出对他当前感受的同情和理解。但是，需要注意的是，我们要向孩子表达清楚，我们仅仅是理解孩子的感受，并不意味着认同他的做法。

事实上，孩子并不需要我们认同他的做法，他只是希望自己说出感受时，我们能够回应并了解他们。

3. 表达出自己的感受

有了前面的铺垫，孩子已经对我们产生了亲近和信任，一般来说，在这个时候，孩子已经愿意听我们说话了，我们可以不失时机地告诉孩子，自己在面对孩子这种行为时是什么样的感受，告诉孩子，他的行为会使别人产生什么样的困扰，会对自己造成什么样的后果，从而引导孩子做出正确的选择。

4. 让孩子关注于解决问题

引导孩子解决问题，并询问孩子如果再遇到这样的问题该怎么解决，如果孩子没有很好的办法，你可以提一些建议，并得到孩子的认可。

场景模拟

场景一

早上，妈妈将一件衣服递给孩子。

孩子："妈妈，我不喜欢穿这件衣服，它太小了，穿上不舒服。"

妈妈："哪里小了？你看多合适，穿上多舒服。"

孩子："就是太小了，颜色也丑，我不要穿。"

妈妈："你总是喜欢找事儿，给你什么你就穿什么，怎么还挑三拣四的？"

孩子："跟您说了太小了，您就是不信，您什么都不知道，只知道发脾气，我再也不喜欢妈妈了。"

孩子说完用被子蒙住了头。

场景二

早上，妈妈将一件衣服递给孩子。

孩子："妈妈，我不喜欢穿这件衣服，它太小了，穿上不舒服。"

妈妈："你觉得太小了？哇，我家宝贝长得可真快。这件衣服才穿几次，还很新，扔掉怪可惜的，要不你再试试？"

孩子："它太小了，穿上紧紧地贴在我身上，我不想试。"

妈妈："是吗，要不你想想办法，把它弄大一点儿？"

孩子："好吧，我把它往两边拉一拉。好像是宽了一点儿。"

妈妈："宝贝真有办法，宽一点儿的确会让你穿起来更舒服。"

孩子听了妈妈的话，略感骄傲，开心地将衣服套在了自己身上。

值得思考

友善、理解和尊重的态度，是赢得孩子合作的前提，任何妄图控制或操纵孩子的行为都会遭到孩子更加激烈的反抗。假如我们能转变自己的态度，先听听孩子的声音，那么一旦他们觉得自己被理解了，也就更容易接受我们的意见了。

想一想，假如你是孩子，当你说出自己的感受时，你希望父母如何做呢？

接纳孩子的负面情绪

一般来说，回应孩子的正面情绪并不难，比如说当孩子很开心地告诉你："爸爸，我今天在学校得到了老师的表扬。"你只需要这样回答："哇，这真是一件开心的事，你一定很开心。"而面对孩子的负面情绪时，我们很容易用讲道理、否定感受的方式试图让孩子情绪好起来。

再次强调，我们应该理解孩子的感受，并帮助孩子理解自己的感受。我们要让孩子知道，他的任何情绪都是可以理解的。当然，我们也应该让孩子明白，他可以有一些负面情绪，但是不可以因为自己的负面情绪而做出错误的行为。

生活中，没有人可以一直保持情绪平稳，每个人都有情绪沮丧的时候，这只是一种暂时的感受。偶尔有一些负面感受，也是情绪健康的表现。所以，我们应该充分接纳孩子的负面情绪，并给孩子足够的空间和时间去处理自己的负面情绪，我相信，能被父母充分接纳的孩子，在之后的生活中，无论遇到多大的困难，他都能找到解决的办法。

个案回顾

某个周末，朋友带女儿薇薇到同事家做客，薇薇比同事的女儿丫丫大一岁，或许都是独生子女的缘故，突然多了一个玩伴，两个小家伙都非常兴奋，彼此一见面就手拉着手跑到丫丫的房间去玩了。

开始，两个孩子玩得非常愉快。突然，丫丫的哭声从房间里传来，薇薇妈赶紧进去查看，推开门，就看到自己的女儿正像一只好斗的公鸡一样，怒视着丫丫。

看妈妈进来，薇薇非常生气地说："我不喜欢妹妹，她总是推翻我搭好的积木。我非常生气。"

"是的，你看上去非常生气。"妈妈肯定了她的感受，顿了顿，继续说道，"丫丫看起来也很难过，你看，她都哭了。"

"她推我积木的时候，我把她的积木也推倒了。"女儿的声音明显变小了，怒气也没有刚才那么旺。

薇薇妈蹲下来，看着女儿的眼睛，对她说道："我知道你现在很生气，但妹妹也很难过。也许我们能找到一种方法，可以让你们的感受都变得好一点儿。"

"什么方法？"女儿的声音明显愉悦起来。

"让妹妹帮你一起把推翻的积木搭好，好不好？"薇薇妈征求女儿的意见。

"可是，她都不会。"女儿嘟囔着。

"你搭积木的时候，可以让妹妹帮你找出你需要的颜色和形状。不过在这之前，你需要想办法先让妹妹不那么难过。"薇薇妈说。

"好的，我试试。"女儿采纳了建议，并转头对丫丫说道："妹妹，对不起，我不该推倒你的积木。现在，你可以帮我找一个红色的积木吗？”

“好的。”丫丫破涕为笑，两个小朋友又继续愉快地玩耍了。

案例分析

孩子通常会采用一些错误的方式来表达自己的感受，这并不意味着他们有什么恶意，而是他们不知道如何处理那些扑面而来的负面情绪。我们应该教孩子识别自己的情绪，并用恰当的方式表达情绪。

在这个案例中，当父母发现孩子之间出现问题的时候，并没有急着问孩子“为什么会这样？”“你为什么会生气？”“为什么不让着妹妹？”……因为孩子很有可能并不愿意在这个时候为自己的行为做出解释，很多时候，孩子并不知道如何对自己的行为做出合理的解释，“为什么”只会让孩子感到为难。相对于逼他们做出解释，他们更愿意跟一个理解他们感受的人沟通。

在整个过程中，妈妈也没有评判女儿的行为是对是错，正如前面所说，孩子说出他的感受时，并不希望听到父母的说教，也不需要我们认同他的做法，他最需要的是我们了解和回应他的感受。

所以，当孩子说出他的感受，或者是用一些行为表达他的感受时，类似于“你做得对”这样的话，或许会暂时安抚孩子的情绪，但是却不利于引导孩子做出正确的行为，因为你对孩子行为和感受的任何评判，都会妨碍孩子的自我反省。

现在试试这样做

如何面对自己的情绪对大人来说都是一件相当困难的事，对孩子来说，更是一个相当大的难题。因为大多数时候，孩子都很难识别自己的情绪，更别说正确处理它们了。那么，我们该如何帮助孩子面对自己的情绪呢？

1. 教会孩子一些表达情感的词汇，引导孩子详细地说出自己的感受

当孩子在学语期的时候，大多数家长都只会想到教孩子一些生活中常见的人和事，比如爸爸妈妈、爷爷奶奶等基本称呼，蔬菜、水果的名称等。我们常常会忘记教孩子表达情感的词汇，比如高兴、伤心、难过、愤怒、愧疚等。

事实上，教会孩子表达自己的情感，并详细地说出自己的感受，对孩子来说非常重要，这有助于孩子在面对难以处理的情绪时，用恰当的方式表达出来。

2. 认真倾听孩子的感受，不要试图制止孩子的负面情绪

当孩子感到愤怒时，你首先要做的不是制止他的愤怒，而是了解他的感受，给他充分的时间来倾诉，并让他了解自己的情绪。在他感觉好一点儿之后，教给他一些处理自己情绪的技能，让他找到解决自身问题的最佳方法。当你能够与孩子产生共情，让孩子知道自己被理解，他自然就知道如何面对自己的负面情绪了。

3. 帮助孩子找到正确处理情绪的方法

与孩子一起寻找适合其情感发泄的正确方式，比如倾诉、大声歌唱等。当然，在他发泄的时候，父母最好能陪在他的身边，让孩子知道，即使在他自我感觉最糟糕的时候，他也是被接纳和理解的，不管他是什么样子，父母依然爱他。

场景模拟

场景一

妈妈抱着妹妹坐在沙发上，哥哥满脸不高兴，他有点儿讨厌这个抢走妈妈的小坏蛋。

哥哥："妈妈，您总是抱着妹妹，您只爱妹妹。"

妈妈："怎么会呢？我不是刚刚给你读过绘本了吗？"

哥哥："我就是不想您抱她，把她放爬行垫上吧。"

妈妈："你是哥哥，我知道你也是爱妹妹的。"

哥哥："不，我一点儿都不爱她。我讨厌她。"

妈妈："你这孩子，怎么这么不懂事呢？她是你妹妹，你不可以讨厌她。"

哥哥："我就是讨厌她。"

哥哥气呼呼地走了，把自己关在房间里生闷气。

场景二

妈妈抱着妹妹坐在沙发上，哥哥满脸不高兴，他有点儿讨厌这个抢走妈妈的小坏蛋。

哥哥："妈妈，您总是抱着妹妹，您只爱妹妹。"

妈妈："哦，你不喜欢我花太多时间在妹妹身上吗？"

哥哥："是的，我不喜欢你抱着她，把她放爬行垫上吧。"

妈妈："我知道你不希望她待在我怀里，有时候，我真希望她能快点儿长大。"

哥哥："她什么时候才能长大呢？"

妈妈："你不是很快就长大了吗？妈妈真怀念你在我怀里的日子。"

哥哥："我小时候，您也是这样抱着我吗？"

妈妈："是啊。"

哥哥和妈妈一起开心地聊着他小时候的事。

值得思考

和大人一样，孩子也有自己的感受和情绪。只要你认真观察，就会发现你的孩子是如何处理负面情绪的。面对沮丧或愤怒的时候，他可能会摔玩具、跺脚、撒泼打滚儿，或者哭得撕心裂肺。不要误会孩子，他其实只是在努力地去处理自己的负面情绪。明白了这一点，当下一次遇见孩子发泄情绪的时候，你还会忍不住对他大吼大叫吗？

感同身受，与孩子一起寻找解决办法

当孩子难过的时候，有的父母会不以为意地认为：“小孩子嘛，哪有那么多心思和情绪，一会儿就会忘了。”或者是一味地对孩子说：“又不是什么大不了的事，有什么好难过伤心的，要坚强。”假如你是前者，总是忽略孩子的感受，孩子不但不会很快忘记这些不愉快，还会因此而难过很久。如果你是后者，虽然你能感受到孩子的负面感受，但是如此硬邦邦的安慰，会让孩子觉得你根本无法体会他的感受。长此以往，孩子就会学会隐藏自己的感受，把事情埋在自己的心里，你再想要尝试跟他沟通的时候，就会发现难如登天。

如果在孩子感到难过的时候，父母能够说一句：“我能体会到你的感受，告诉我，怎样才能让你感觉好一点儿？我们一起想想有什么办法能更好地解决这件事。”相信孩子在听到这些话的时候，就已经得到了很好的安慰。

个案回顾

女儿欢欢从小就很黏爸爸，但是因为工作的原因，爸爸经常出差。一次，爸爸又出差了，当看到爸爸离开，本来还好好玩着玩具的欢欢突然将玩具扔在一边，坐在沙发上默默流泪，那样子真让人心疼。

欢欢妈妈非常善于安抚孩子的情绪。欢欢妈走到女儿身边，挨着她坐了下来，然后向她伸出双手，说道："妈妈抱抱你，好吗？"女儿摇了摇头，把整个人更深地缩进沙发里，整个身体都在告诉妈妈，她拒绝拥抱。

欢欢妈没有强行将女儿抱在怀里，只是轻轻摸着她的头说道："我知道宝贝不想跟爸爸分开，看着爸爸离开，你现在一定非常难过。告诉妈妈，怎样才能让你感觉好一点儿？"

"我想要爸爸。"女儿终于开口说话了，显然没有像刚才那样排斥了，但却提了一个根本无法满足的要求。

"真希望你能马上见到爸爸！"欢欢妈轻轻拍了下女儿的头发，重复着她的愿望。

"我真的很想爸爸。"女儿低声说道。

"妈妈知道。"欢欢妈伸过手，将女儿揽进怀里，这一次，她没有拒绝拥抱，把头埋进了欢欢妈的怀里。

欢欢妈抱着女儿，轻轻地抚摸着她的后背，女儿的心情也逐渐平复下来。

案例分析

当孩子因为一些事情而心情低落的时候，作为父母，我们首先需要认可孩子的感受，并说出孩子的感受。当我们能准确地说出孩子的感受时，孩子就会觉得自己是被理解的，自然就会感觉好受一些。

或许在我们看来，爸爸出差并不是什么大不了的事，而是一种常态，但是，在整个过程中，欢欢妈并没有按自己的想法去劝慰孩子，“爸爸只是出差几天而已，很快就会回来，不要难过了”，而是肯定她的感受，并允许孩子难过，当孩子的感受被理解，即使她内心的真实需求并没有被及时满足，她的情绪也会变得好起来。

我们要记住，当孩子从我们的身体里分离出来的那一刻，他就是一个完全独立的个体了，他和我们有着不同的感知系统，不同的真实感受。可能对我们来说微不足道的事，对孩子来说却举足轻重。所以，当孩子伤心难过的时候，不要急着去批判他，要试着用同理心去理解他、帮助他，努力让他感到好受一点儿。

现在试试这样做

孩子跟大人一样，都有自己的感受。当我们有一些不好的情绪时，也会用自己的方式去发泄，有时候，别人的劝慰虽然看似很有道理，但是并不能让我们的情绪好起来，甚至会让我们感觉更加伤心难过。作为一个大人，很多时候都无法完全接受别人的劝慰，更何况是孩子。所以，当孩子难过的时候，不要站在自己的角度去跟孩子讲一些道理，虽然那些道理是对的，但对于如何让孩子的情绪好起来，并没有任何帮助。

1. 教会孩子识别自己的情绪

假如孩子在面对自己情绪的时候，能够准确地说出自己的感受，那么，我们与孩子之间的沟通就更畅通了。要想让孩子准确地表达出自己的感受，首先必须让孩子知道那些感受是什么。你可以通过举例，让孩子知道什么是悲伤，什么是愤怒，什么是失落，等等。虽然对于一个孩子来说，完全理解自己的情绪很难，但是父母依然要教会孩子识别自己的情绪，明白自己的感受。

对于孩子来说，每一次的情绪体验，不管是伤心也好，愤怒也罢，都是孩子成长的好机会，我们一定要抓住每一次机会，教给孩子让自己平静下来的方法。

2. 试着让自己放松、冷静下来

孩子其实非常敏感，当你压力大的时候，孩子也会相应地感受到你的压力。假如你是轻松自在的，孩子也会觉得轻松自在。所以，让自己放松下来对自己和孩子都非常重要。

父母并非圣人，并不能时刻控制住自己的情绪，当你感觉到自己的怒气值在上升的时候，不要再说任何话，请试着从一触即发的战争中暂时抽离，让自己恢复冷静之后，再去处理孩子的问题。记住，孩子越胡闹，你越需要保持冷静。

3. 了解孩子行为背后更深层次的感受，看到他真正的需求和期望

你可以跟孩子说："我知道你很生气、难过，但是，你要告诉我，你想要我怎么做才能让你的感受好起来。"然后，我们再针对孩子所提出的部分问题一起讨论解决之道，这样做至少能让孩子觉得自己是被理解的，能很大程度地降低孩子的愤怒值。

很多时候，孩子有情绪，本质上都是想要博取大人的关注，当孩子感觉到自己被重视，其内心的真正需求也就被满足了。

4. 用同理心看待孩子的需求

当孩子说出他内心的期待和渴望之后，千万不要嘲笑孩子。我们不断强调要"理解孩子"，其实就是要求我们要以同理心看待孩子的一些行为，真正融入孩子的情感世界，帮助孩子正确对待自己的感受。

场景模拟

场景一

妈妈在打扫卫生，孩子拿着奶酪棒，一边吃一边跑来跑去。

妈妈：“安安静静地坐一会儿，好吗？没看见我在打扫卫生吗？”

孩子不听，依然跑来跑去，结果奶酪棒“啪”的一声掉在了地上，孩子顿时哇哇大哭起来。

妈妈没有安慰孩子，反而训斥道：“叫你好好坐着，你不听，这下别吃了！”

结果孩子哭得更大声了。

妈妈见孩子哭得更厉害了，赶紧劝慰：“不要哭了，一会儿再给你买一个。”但是这个时候，孩子却什么都听不进去，依然大哭大叫，没有停下来的意思。

孩子的行为彻底激怒了妈妈，妈妈冲孩子吼道：“你这孩子，看来是被我惯坏了，不揍你一顿，你就听不进去话。”

结果，孩子受了皮肉之苦，妈妈也气愤不已。

场景二

妈妈在打扫卫生，孩子拿着奶酪棒，一边吃一边跑来跑去。

妈妈：“我希望你吃东西的时候能安安静静地坐着。”

孩子不听，依然跑来跑去，结果奶酪棒“啪”的一声掉在了地上，孩子顿时哇哇大哭起来。

妈妈："你的奶酪棒还没吃到嘴里就掉地上了，我知道你现在很难过，妈妈也觉得很可惜。"

孩子："是的，妈妈，我还想吃。"

妈妈："那怎么办呢？冰箱里再也没有了。"

孩子："您再给我买一个，好不好？"

妈妈："如果奶酪棒能让你开心，我很乐意再给你买一个，只是现在不行，因为妈妈还在打扫卫生。"

孩子："那打扫完卫生，您可以再给我买一个吗？"

妈妈："当然可以。"

孩子开心地帮妈妈打扫卫生，并在打扫完卫生后得到了一个奶酪棒。

值得思考

假如我们已经做了我们所能做的，孩子依然感觉难以承受并大发脾气，此时，我们唯一能做的就是接纳孩子的情绪，理解孩子的感受，引导孩子用正确的方式表达情绪。当孩子学会了表达自己的感受，他就会知道，遇到事情发脾气、哭闹不止并不是解决问题的正确方式，他会尝试着讲道理并向大人寻求帮助。

注意非语言信息的情绪传达

在与孩子沟通的时候，我们要注意自己的言行举止，甚至是给孩子传递信息的表情。相对于语言来说，孩子更关注我们的非语言信息。有时候，我们的身体语言往往会泄漏我们内心的真实感受，孩子往往能读懂我们的这些感受。比如，皱着眉头跟孩子说很愉快，孩子往往不会相信父母所说的是真的。

个案回顾

一天，妈妈在整理厨房，若若抱着她的画板蹦蹦跳跳地跑了进来，兴奋地对妈妈说道："妈妈，您看，我画了一位美丽的公主，她的头上戴着金光闪闪的皇冠，手里拿着魔法棒，她是世界上最美丽的公主。"

"呀，宝贝，你画得真好，你就是一个天才小画家。"若若妈专心地刷着池子里的碗，头也不抬地说。

"妈妈，可是您看都没有看。"女儿的热情明显被妈妈敷衍的态度浇灭了。

晚上，又到了故事时间，若若妈照例要给女儿读睡前故事，临睡的时候若若妈已经感到非常疲惫了，真的很想倒头大睡。于是在给女儿读书的时候，语速明显加快，也没有像以前那样一边读一边讨论故事里的人物和情节。读到一半，女儿突然问："妈妈，您不喜欢这个故事吗？"

若若妈不知道女儿为什么会问她这个问题，惊讶地回答道："我很喜欢啊，你为什么会有这样的想法？"

女儿回答道："因为您的脸都是皱着的，您不喜欢读故事。"

案例分析

很多时候，我们会在不知不觉中将我们的感受挂在脸上。而孩子的语言能力还在发展中，他们对非语言沟通的信任程度要远远超过单纯的语言沟通。所以，即使我们没有说自己生气或不高兴，孩子依然能感受到我们的情绪。

现在试试这样做

非语言信息包括面部表情、身体接触、眼神关注、姿势、语气等。有时候没有说一句话的非语言沟通比语言沟通更有力量，比如说你的孩子极其沮丧的时候，走过去，抱抱他，温柔地摸摸他的头，然后微笑地看着他。虽然你并没有说一句话，但是孩子依然能够感受到你在关心他、鼓励他、帮助他，他的感受也会跟着好起来。

1. 与孩子视线齐平，注视着孩子

通常，你在跟孩子讲一件事的时候，盯着他的眼睛，往往能抓住他的注意力，让他集中精力听你说。眼神的关注，也能表明你跟他所说的事极其重要。所以，不管你在做什么，当你与孩子说话的时候，请看着孩子的眼睛。

2. 合理运用表情

沟通的首要目标是传达信息。运用丰富的表情和孩子沟通，就像微信里的表情符号一样，那些无法用文字表达的东西，我们却能很好地用表情符号表达出来，这样的表达看起来比文字更直观，也更有温度。当一个人微笑着跟你说话的时候，你会觉得更加亲切，也更愿意听他把话说完，并接受他的意见。

3. 语气和声调同样重要

父母是孩子最依赖的人，父母的声音对孩子来说是最能安抚内心的声音。所以，父母千万不要用自己的声音去责骂、恐吓孩子。父母充满怒气的声调和语气，只会让孩子认为妈妈生气了，而不会让孩子意识到自己做错了。所以，不管你要对孩子说什么，请尽量让自己的声音和语气温柔而充满爱意，如此，孩子才会认真听你接下来说的话。

4. 不要忘了肢体动作

单凭语言，孩子并不能很好地接收到你所传递的信息。当你跟孩子说话的时候，如果能够多多拥抱他或者亲吻他，那孩子会更能感受到你的爱。话语和行为达到高度契合，你和孩子都会感受到一种强有力的力量，让你们之间的情感联结更为牢固，身体的接触就是这么奇妙。

场景模拟

场景一

孩子放学回家，兴高采烈地从书包里拿出卷子，开心地告诉妈妈："妈妈，您看，我得了100分，老师还发了奖状。"

妈妈接过卷子，认真地看着孩子的答卷，然后说道："嗯，我家宝贝真棒！"

孩子看着妈妈的眼睛始终没有离开卷子，眼里闪过一丝失望，兴致明显没有刚才那么高了。

场景二

孩子放学回家，兴高采烈地从书包里拿出卷子，开心地告诉妈妈："妈妈，您看，我得了100分，老师还发了奖状。"

妈妈接过卷子，快速地扫了一眼孩子的答卷，然后将视线收回，低下头，注视着孩子的眼睛，笑眯眯地说道："嗯，我家宝贝真棒！"说完，还对孩子竖起了大拇指，并热烈地拥抱了孩子。

孩子开心极了，兴致勃勃地跟妈妈分享班级里有多少人得了100分，老师是如何表扬自己的。

值得思考

为了让沟通更有效，父母一定要注意使用非语言交流，可以是一个微笑的表情、一个慈爱的眼神、一个温暖的拥抱、一个甜蜜的吻，也可以是轻拍肩膀、沉默不语，还可以是身体力行的示范和引导。微笑代表赞赏，慈爱的眼神中饱含温情，拥抱充满鼓励，亲吻传递安慰，默然不语表示提醒和批评。

第二章

黄金沟通法则：如何与孩子达成共识

「导语」 关键词：尊重＋平等

一般来说，与孩子沟通的目的就是达成共识，并让孩子与我们合作。然而，在亲子教育中，我们常常会做出一些与目的背道而驰的事情，在沟通的时候，大多数人都是只从自己的意愿出发，对孩子颐指气使，唠叨说教，甚至大吼大叫。这种沟通方式不但是无效的，甚至是伤人的。

如何沟通才能避免不必要的争吵，让孩子主动与我们合作呢？最基本的法则就是尊重孩子。

沟通的时候，我们首先要把孩子当成一个独立的个体，一个平等的谈话对象，而不是你的孩子。当你想要对孩子说某句话的时候，你可以先想一想：假如对方是你的朋友、同事，或者是一个陌生人，他听到这句话的时候会是什么反应？相信我，当你这样做的时候，你会收回很多让你后悔莫及的话语。

另外，不要再用高高在上的口吻让孩子执行你的指令，当你要为孩子做出某项安排或决定时，不妨先听听孩子的想法，用商量的语气说“宝贝，你看这样做可以吗”，或者说“宝贝，你还有什么更好的想法吗”。如此，孩子不但能乐于接受你的意见，主动与你合作，还能培养孩子思考问题、解决问题的能力。

请记住，平等对话、尊重孩子是合作的前提。当孩子充分地感受到来自父母的尊重后，相信孩子也会很容易接受父母的意见，并信守承诺。

关注孩子的感受而非行为

生活中，很多父母都无法容忍孩子的“不听话”，而我们对于“不听话”的评判标准也仅仅是看孩子是否执行我们的指令。我们总是习惯性地要求孩子去做他不愿意做的事，比如：快去写作业，把手洗干净，把牙刷了，赶紧睡觉，必须把饭吃完……与此同时，我们总是不让孩子去做他喜欢做的事，比如：不要乱翻东西，不准在床上跳来跳去，不要大声说话，别抠鼻孔，不要靠近小猫小狗……

孩子想要做自己想做的事，而我们想让孩子按我们所说的去做，于是，“战争”不可避免地爆发。父母强硬地制止孩子做他想要做的事，要求孩子坚决执行自己的决定，这样做的结果只有一个，那就是孩子大哭大闹，家里鸡飞狗跳。

个案回顾

琦琦是个非常叛逆的孩子，她的妈妈曾抱怨：“你说往东，她偏要往西，你说不要哭了，她却闹得更凶，常常违背大人的要求，还故意去做大人明令禁止的事，在公众场合突然大声尖叫，还喜欢乱发脾气，将东西扔得到处都是。”

琦琦妈为了让她听话，心里再不舍得都得打，打完之后她是乖了许多，但是这样的行为并没有改变，还有越来越严重的趋势。其实，家里只有母女两人的时候，琦琦多少还是听点儿话的，但是只要家里来客人了，她便开始处处和妈妈唱反调。

案例分析

很明显，在这个案例中，琦琦妈想要精心地调教自己的孩子，让她的行为符合大人的规范。但是孩子已经把父母当成了自己的“敌人”，“敌人”的态度越强烈，孩子的反抗当然也越坚决。到最后，即使父母要求她去做一件极其简单的事，她也极难愉快地合作。

孩子也是一个独立的个体，他也有自己的思想，孩子总是唱反调，也是自我意识的觉醒，对于孩子自身的发展来说，也算是一大进步。这个时候，作为父母，我们应该更多地关注孩子的感受，而非行为。当我们了解孩子这些行为背后的真正需求，理解他的感受，宽容对待，适当满足，就会收到意想不到的效果。

现在试试这样做

想一想，在一天中，有哪些事情是要求孩子必须去做的，又有哪些事情是坚决制止孩子去做的。为此，你付出了多少时间和精力？那么，有没有一种更好的方法，让孩子心甘情愿地与我们配合，而不是消耗我们的耐心，伤害孩子的自尊呢？

1. 描述问题，而不是指出错误

一般来说，当我们做错一件事情的时候，别人不断地指出我们的错误，往往会让我们更加反感和抵触，而不是去改正自己的错误。所以，当孩子的行为出现偏差的时候，如果我们只向孩子描述我们所看到的问题，而不是责备和问罪，孩子往往会认识到自己的错误。

当孩子把牛奶洒在地上的时候，假如你劈头盖脸地说：“你怎么又把牛奶洒地上了？把地板搞得这么脏，你怎么老是这样，跟你说过多少遍了，拿好杯子，不要洒。”孩子的第一反应可能就是：地板比我重要，妈妈不爱我。假如我们只描述自己所看到的：“宝贝，牛奶洒在地上了，地板很脏。”孩子很可能第一反应是找纸巾，将地板擦干净。

2. 给孩子提供一些正确的方法，帮助孩子解决问题

为孩子提供一些解决问题的方法，往往比指责孩子更能让孩子接受。当你描述完你所看见的事实之后，你可以进一步指出：“拿个干毛巾将地板擦干净。”当孩子接收到你提供的信息之后，往往就知道如何去做了。

3. 对孩子而言，你给的指示越短越好

孩子的理解能力有限，所以父母不要一次性给孩子太多信息，否则孩子捕捉不到父母的信息，就会索性不听了。儿童行为研究显示，跟六岁以内的儿童说话，一句话最多不要超过三个信息，信息越多，孩子越容易思维混乱，越不能按你的想法做事。

4. 说出自己的感受

当孩子的行为有所偏差的时候，我们完全可以真诚地向孩子说出自己的感受，比如说：“我不喜欢把牛奶洒在地上，不干净的地板让我心烦意乱。”通常情况下，孩子会愿意为了让你感到好受一点儿而去把地板擦干净。

当然，这些方法并不是每次都有效果，但是这些技巧能帮助我们解决大多数问题。

场景模拟

场景一

孩子放学回家，将鞋子乱七八糟地丢在门口。

妈妈："又把鞋子丢得到处都是，跟你说过多少次了，不要将鞋子乱丢，总是不听，你什么时候能懂事一点儿？"

孩子："您不是说我从来都不听吗？那我就不听了。"

妈妈："你还敢犟嘴，看我怎么收拾你。"妈妈说完，拿起鞋子就往孩子身上摔。

孩子捂着被鞋子打中的地方，心里愤恨不已：下次，我把袜子扔餐桌上，看您怎么办！

场景二

孩子放学回家，将鞋子乱七八糟地丢在门口。

妈妈："宝贝，鞋子应该放在柜子里。"

孩子："知道了，我一会儿去收拾。"

妈妈："两只鞋子摆放在门口，看起来很不美观。"

孩子："好，我现在就去收拾。"

孩子乖乖地将鞋子放进了鞋柜里。

值得思考

假如你是孩子，当你的父母用责备、谩骂、威胁、命令、说教、警告、控诉、挖苦等方式，要求你与之配合的时候，你有什么样的感受？相信你很难乖乖地听从父母的话。所以，从现在起，改变自己的态度，对孩子多一点儿理解和尊重，与孩子建立相互尊重的桥梁，而相互尊重正是合作的开始。

你的道理孩子未必愿意听

假如你想要用“讲道理”的方式让孩子乖乖合作，显然行不通。正如法国著名哲学家卢梭所说：“三种最没用的教育方法是：讲道理、发脾气、刻意感动。”

然而，在生活中，这三种教育方式却是最常见的，尤其是讲道理。当孩子不听话或者是做了不当行为之后，很多父母着急上火，就开始讲道理，一大通道理讲下来，孩子云里雾里，完了该怎样还是怎样，丝毫改变不了现状。所谓道理，不去亲身经历，永远不会明白其中的真正含义。

个案回顾

艾米一家前几年在某市定居，因为房价太高，当时只好把房子买在郊区，然而艾米上班的公司却在市区，她每天通勤路上的单程时间都是一个小时打底，有时候还需要公交、地铁来回倒，上完一天班，再折腾回家，基本上人就已经筋疲力尽了。

艾米有一个上小学三年级的女儿，叫可可。

艾米即便每天回到家都快累散架了，也依然要给可可检查作业，陪她阅读。

有时候，可可还会因为不想做作业而吵闹不止，这让艾米感觉更加疲惫不堪。

有时候，正好碰上艾米特别累，或者心情不佳，艾米也会忍不住跟可可讲道理：“你知不知道妈妈每天上班都特别累，来回要挤两三个小时的地铁、公交，碰见有座位的机会微乎其微，到了公司，还得面对一整天的高压工作，回到家之后，还要管教你，你能不能乖一点儿，让我少操点儿心？”

可是，尽管艾米讲了一大堆道理，可可却并不能体会她的感受，依旧闹情绪，不配合。

某个周末，艾米公司举行了一个亲子活动，艾米决定带可可去，准备让她也体验一下自己的上班之旅，希望下次自己说累的时候可可能有所体会。

第二天，艾米像上班时间一样早早地起了床，并把可可从香甜的睡梦中叫醒。简单地吃过早餐之后，艾米就带着可可出发了。

母女俩先步行十来分钟来到家附近的公交站，然后乘公交去最近的地铁站。因为是周末，乘这趟车的人不多，母女俩找到了座位，可可很兴奋，惬意地看着窗外的风景。

坐了十几分钟公交，到达地铁站之后，因为是起始站，人不多，可可和艾米顺利地上了地铁，并找到了座位。这一趟地铁有十二站，时间比较长，漫长的路途，可可开始百无聊赖，一会儿趴到艾米身上，一会儿反复掰扯自己的手指。好不容易到站了，还得换乘另一趟地铁，而这次却没有那么幸运，换乘站上下车的乘客非常多，可可被挤得哇哇叫，艾米牵着可可的手，来到两节车厢相接的位置站着，这里相对宽松一点儿。

看着女儿惊魂未定的样子，艾米乘势说道："刚刚上车是不是非常艰难？所幸今天是周末，人还不是很多，我们还有站的位置。如果是工作日，我们连站的地方都很难找到。"

可可瞪大了眼睛，一副不可思议的样子。过了一会儿，可可可能站累了，开始频繁地问："妈妈，什么时候才到啊？"

地铁到站的时候，可可已经疲惫不堪了，当她得知还要步行一千米的时候，脸上明显露出不情愿的表情。她要求打车，艾米说："一公里路程，打车太浪费，妈妈每天都步行着去。"听妈妈如此说，可可不再坚持。

艾米内心窃喜，表面依然不动声色地带着可可走。走着走着，可可开始不耐烦了，又问："妈妈，什么时候才到啊？我的脚快要断了。"

艾米说："再过三个红绿灯就到了。"

可可的脸一下子垮了下来，一副垂头丧气的样子。一通折腾下来，可可的精气神都被折腾完了，到了公司后，趴在妈妈的办公桌上就不想起来了。

从那以后，假如艾米告诉女儿自己很累，想要休息一下，可可便不再像以前那样继续纠缠，她学会了等妈妈休息好之后，再让妈妈帮自己做事情，写作业也变得主动积极了。

艾米总是感叹，一趟上班之旅比一大箩筐道理还管用。

案例分析

心理学家让·皮亚杰曾说："孩子只能从自己的出发点看世界。"大人给孩子讲道理的时候，孩子通常听不进去，并不是孩子不听话，而是很多时候孩子根本就听不懂，或者是不能理解这个道理。比如艾米的女儿从来没有在上下班高峰期挤过地铁，也没有上过班，即使妈妈再如何强调上班的累，她也难以理解，当她亲自体验过后，一切问题都迎刃而解了。其实，对于孩子而言，看得懂、做得到的道理，才叫道理。

大人的很多道理，都是从成人的思维出发，强加给孩子的，在孩子没有亲身体验之前，他们根本无法把这些道理和实际生活联系起来，他们也不知道不遵从这些道理会导致什么结果，他们就会认为父母的"讲道理"是一种高高在上的说教，空洞乏味，甚至带着一种强迫式的压制，从而让孩子产生逆反心理，你越这样说，我偏不这样做。

所以，当孩子不能理解你的道理时，就不要一直跟他讲了，给他们一些试错的机会，比如孩子的白 T 恤被画花了，那就让孩子一直穿这件画花了的 T 恤，或者让他自己动手把 T 恤洗干净。只有当孩子有了丰富的试错体验和学习生活经验后，他们才能更深刻地明白各种道理，从而建立共情的心理去体会父母讲道理的好意。

现在试试这样做

美国教育家约翰·杜威指出："教育孩子并不是一件'告知'与'被告知'的事情，而是一个主动的、建设性的过程。"要使孩子懂道理，我们一方面要告诉孩子正确的道理，另一方面要引导孩子在实践中获得经验，这才是从根本上解决问题。

1. 少说多听

教育是一门艺术，艺术是需要灵活变通的，父母在和孩子沟通的时候，一定要学会控制说教的欲望，少说多听。多听孩子说什么，这样才能了解孩子真正的需求，从而对症下药。用那些大道理压制孩子，强迫孩子来接受自己的大道理，对解决问题毫无帮助。

2. 少说多做

孩子是在模仿中成长的，言传不如身教，你需要孩子怎么做，你要身体力行地做给孩子看，而不是一味地用嘴巴说。任何影响都是潜移默化的，不管是行为还是语言，想要孩子乖乖听你的话，你就要少说多做，越喜欢讲道理的父母，教养出的孩子往往越不听话。

另外，我们只跟孩子讲道理，孩子有可能一只耳朵进，一只耳朵出，或者是嘴上答应，却不执行。所以，我们最好给孩子指定可执行的规则，让孩子按规则行事，如此，我们才能把道理转化成实际行动，许多对抗和矛盾也会迎刃而解。

3. 创造犯错的机会

在这个充满未知的世界，犯错对孩子来说是一种十分可贵的体验，是孩子探索世界的重要方式之一。每一次犯错都会让孩子获得成长，这不是父母直接灌输自己的生活经验和大道理可以比拟的。

场景模拟

场景一

孩子和妈妈在超市买书包。

孩子："妈妈，我要那种带拉杆的书包，拉起来轻松。"

妈妈："儿子，这种带拉杆的不好，咱们家住五楼又没有电梯，每天都要提着上楼，太不方便了。而且，这种书包要贵好多，花里胡哨、华而不实，还是那种简单的好。"

孩子："您总是说这不行那不行，我都没用过，您咋知道不好用？我就要这种，我们班好多同学都是用的这种。"

妈妈："你这孩子怎么不听话呢？给你说了这么多道理，就是听不进去。"

孩子："那我不买了。"说完扭头走了。

最终，妈妈妥协了，给孩子买了那个带拉杆的书包。

场景二

孩子和妈妈在超市买书包。

孩子："妈妈，我要那种带拉杆的书包，拉起来轻松。"

妈妈："嗯，如果不用提着上楼的话，带拉杆的是比较轻松。可是儿子，咱们家可是在五楼哦，你确定你能提着它上楼吗？"

孩子："我觉得我可以，我们班好多同学都是用的这种。"

妈妈："我相信你可以，不过我还是想让你先体验一下。我有一个小型行李箱，跟它差不多大，你拉着它上几天学，如果能坚持一周，妈妈就带你来买这种带拉杆的书包，你觉得可以吗？"

孩子："好的。"

一周后，孩子和妈妈一起来买了一个简易的书包。

值得思考

父母与孩子的关系应该是平等、民主、互相尊重的。沟通不是一个人的事，我们在跟孩子沟通的时候，不要只顾着自己一个人在那里喋喋不休，用居高临下的态度对孩子进行说教，而是要顾及孩子的感受，注意孩子的信息反馈，学会尊重孩子，用商量的口气跟孩子说话。否则，你说再多的道理都是白费口舌。

威胁、恐吓对亲子沟通毫无意义

威胁孩子是我们在跟孩子沟通中常常用到的手段，比如，孩子不停地哭闹，怎么哄都不能让他停止哭泣，于是我们就会生气地说：“你再哭，妈妈就不要你了。”孩子小的时候，有可能会被你的威胁吓得乖乖就范，但是随着孩子渐渐长大，你就会发现，你的威胁对孩子再也不起作用了，因为孩子知道，父母只是说说而已，并不会真的那样做。

实践证明，威胁、恐吓孩子并不能有效地解决问题，反而会制造出新的问题。有心理学家指出：“不要让孩子的心灵装进恐惧、忧虑、悲伤、憎恨、愤怒和不满，这些情绪和情感有害于孩子的神经，会引起身心虚弱，影响身体健康。”对于孩子来说，父母是他最亲、最值得信赖的人，如果父母常常用威胁、恐吓的方式教育孩子，会让孩子产生强烈的不安。如果孩子经常生活在恐惧中，孩子会不堪重负。何种精神上的不安都会对孩子的身心健康造成非常不利的影响。

个案回顾

天快要黑的时候，一个五六岁的小女孩不愿意回家，还在跟妈妈耍赖："我不回家，我不回家，我就要在外面玩。"

"这会儿天已经黑了，其他孩子都已经回家了，明天我们出来早一点儿，你就可以多玩一会儿了。"妈妈耐着性子哄着孩子。

可是小女孩并没有乖乖地听话，反而一屁股坐在地上，越哭越大声。妈妈见孩子拒绝合作，就威胁孩子道："你快起来，你要是再不起来，我就不管你了。天黑了，大灰狼就会来把你背走。"妈妈说完，头也不回地走了。

小女孩见妈妈真的走了，以为妈妈真的不要她了，赶紧从地上爬起来，追上去抱住妈妈，嘴里还哭喊着："妈妈，妈妈，我不哭了，您看，我都没有眼泪了。"小女孩努力擦眼泪，生怕妈妈不要自己了。

案例分析

在这个案例中，妈妈用威胁、恐吓达到了自己的目的。实际上，用威胁、恐吓的方式逼孩子就范是最失败的沟通方式。父母说"不要你了"，无疑是孩子最害怕的事，当孩子听到这句话的时候，伤害就已经造成了，这是得不偿失的。

其实，威胁、恐吓并不能真正地解决问题，孩子的听话也只是暂时的，因为孩子很快就会发现父母并不会真的不要自己，渐渐地，孩子就不会再相信父母那些威胁的话语了，也不会因威胁、恐吓而害怕，这样的孩子也会变得越来越难管教。

现在试试这样做

威胁、恐吓孩子并不能解决问题，我们不如换一种表达方式，好言相劝，耐心引导，你会发现这样的管教方式取得的效果明显要好很多。

1. 语气温和，先听听孩子的意愿

在与孩子交流的时候，大多数父母喜欢摆出一副严厉的样子，语气冷冰冰的，态度也是居高临下的，想以此来树立自己的威信。其实，没有人喜欢被人呼来喝去，粗暴的语气只会让孩子产生抗拒感，孩子自然也不会好好听你说话了。所以，在日常生活中，我们要尽量用商量的语气跟孩子说话。

2. 平等尊重，尽量尊重孩子的意愿

任何人都需要被尊重，孩子也一样，沟通的前提就是平等尊重。如果我们在与孩子交流的时候能够把尊重放在首位，我们会收到意想不到的效果。

场景模拟

场景一

快到就寝时间了，孩子还在看动画片。

妈妈：“宝贝，快点儿关掉电视去睡觉。”

孩子：“妈妈，今天是周末，能让我多看一会儿吗？”

妈妈：“已经破例让你多看了一集，你别得寸进尺，你再不听话，我就把电视拆了，以后都别看了。”

孩子不情愿地关掉了电视，但是明显情绪不佳，并且把这种情绪带到了后续的洗漱环节，磨磨蹭蹭，本来十分钟就能搞定的事，硬是拖了半个小时，最后带着糟糕的心情入睡。

场景二

快到就寝时间了，孩子还在看动画片。

妈妈：“宝贝，睡觉时间到了哦。”

孩子：“妈妈，今天是周末，能让我多看一会儿吗？”

妈妈：“那好吧，妈妈陪你一起看十分钟，十分钟之后你要自己关掉电视哦。”

孩子：“好的，妈妈。”

十分钟之后，孩子开开心心地去洗漱了，带着美好的心情进入了梦乡。

值得思考

沟通的目的就是让双方达成共识，威胁、恐吓只是满足了大人的掌控欲，并不能让孩子心甘情愿地跟我们合作。常常用威胁、恐吓的方式与孩子沟通，孩子会因为极度的恐慌和不安而陷入自我怀疑中，怀疑自己不够好，怀疑父母不爱自己，长此以往，孩子会变得胆小怯懦，习惯看人脸色做事，或者越来越叛逆，习惯性地与大人对抗。

不要把“你不许”挂在嘴边

生活中很多父母都觉得孩子不听话，让他不要干什么，他偏要干什么。比如，父母告诉孩子不要说话，要保持安静，孩子反而更爱说话；父母让孩子不要打人，孩子反而更喜欢打人……那么，出现这样的情况是孩子故意在跟我们作对吗？显然不是！

“你不要”“你不许”这些话语往往带着命令的口吻，任何人都不喜欢被别人支配着干一件事，孩子也一样，所以当我们告诉孩子“你不要”的时候，孩子会从心里抵触父母的这一要求。但是如果我们把“你不要这样做”换成“你需要这样做”的时候，会发现，效果完全不一样。

个案回顾

姐姐家在外地，平日里很少能相聚。今年小长假，小杰一家决定去姐姐家玩。那天，小杰一家到姐姐家时，小外甥和奶奶去了超市，天快黑的时候才回来。

小外甥一进门，看见小杰一家都来了，非常高兴。他一下子就抱住小杰，结果刚抱住，就听见姐姐的呵斥：“不要人来疯，舅舅坐了一整天的车，多累。”

于是他悻悻地放开手，然后一眼就看见了桌子上放着的土特产，他好奇地走过去，刚要翻看是什么，就听见他爸爸说“不要把东西翻得到处都是”。小外甥只好缩回已经伸出的手。

他转了转头，看了看小杰一家三口，然后他去卧室把他的珍藏玩具挖掘机、装载机一股脑全搬到了小杰的面前。显然，小杰并不喜欢他的这些玩具。

小外甥的奶奶看见了，赶紧说道：“舅舅不喜欢玩这些玩具，你赶紧放回去，现在不要玩。”

这时小外甥非常沮丧，一连串的挫败让他不知道此时该如何是好，于是他瘫倒在沙发上，无聊地抠自己的指甲，然而他的这个举动引起了爸爸、妈妈、奶奶三个人的重视，只听见他们三个人同时制止道：“不要抠指甲！”

案例分析

在小外甥回到家的这段时间里，所有人都在告诉他“不要做什么”，没有一个人告诉他“需要做什么”，最终的结果是让孩子手足无措，不知道自己该怎么做。

英国女王维多利亚小时候曾在德国接受教育，她在给友人的信中这样抱怨：“他们总在告诉我，作为一个可能继承王位的人，不应该这样，不允许那样。那么请问，有没有人告诉我，应该怎样做？我需要做什么？”

“我需要做什么？”这正是所有孩子应该向家长提出的一个问题。作为父母，我们对孩子除了否定性的“不许做什么”之外，是否该建设性地引导孩子“应该怎么做”？

孩子是在探索和犯错中成长的，父母作为孩子最亲近、最信任的人，应该鼓励孩子积极、勇敢地探索这个世界，并用自己丰富的人生阅历去正确地引导他，而不是冷眼旁观，或者是粗暴地用一个个“不许”“不要”来打击他、压制他。我们做任何事之前要先问问自己：“我这样做是给予孩子力量，还是在打消孩子的积极性？”所以，在与孩子的交流中，我们应该学会使用建设性语言。

现在试试这样做

那么，如何使用建设性语言呢？其实做到常用建设性的语言并不难，只需时时留意，把平时常说的否定式语言变成肯定式语言即可。

1. 面对孩子的问题，不要抓住他的负面行为不放，而要做正面建设

大多数时候，孩子并不是故意犯错。所以我们需要看到孩子负面行为后面的正面动机，这样才不会轻易忽略孩子的心理需求，也有利于后续的亲子沟通。面对孩子的问题，我们完全可以抛开他的负面行为，去做整体正面的建设。抓住孩子的错误不放，只会加重我们的焦虑感，增加孩子的挫败感，如此，不但不能解决问题，还会让问题越来越多。

2. 正面建设，告诉孩子该做什么

当你想要阻止孩子做一件事情的时候，请试着使用建设性语言。直接简单地告诉孩子正确的做事方式，比阻止孩子要简单得多。比如：当孩子把自己的玩具乱扔的时候，把“不许乱扔东西”换成“玩具玩完后，要放回原处”；当家里来客人时，孩子变得有点儿“人来疯”，把“不许没礼貌”换成“给叔叔阿姨问好，然后自己去玩”；当孩子在公共场合大吵大闹的时候，把“不许大声说话”换成“我们来悄悄说话”……当父母把一切不许做的事情换成了可以做的事情时，孩子更容易接受父母的意见。这些建设性的话语，也会引导孩子做正确的事。

3. 试着做一些练习

与其苦口婆心地跟孩子讲道理，让孩子不要做什么，不如理解孩子的天性，有建设性地教会孩子面对问题、解决问题。下面我们做一组练习。

“不要到处乱涂乱画。”——“你可以用颜料在涂鸦板上画。”

“不要乱穿马路。”——“遵守交通规则，注意红绿灯，走斑马线。”

“不要大声喧哗。”——“小声说话，别人正在休息。”

“不要这么没礼貌。”——“获得别人的帮助，请说‘谢谢’。”

“不要乱扔垃圾。”——“你可以把垃圾丢进垃圾桶。”

场景模拟

场景一

妈妈在打扫卫生，孩子在玩卫生间的门。

妈妈：“宝贝，不要玩门，你现在还小，不懂得怎么开反锁之后的门，如果你把门在里面关上，然后不小心将它反锁了，你在屋里打不开，妈妈在外面也没办法打开，那怎么办？”

孩子：“我把自己关在里面了，妈妈没办法来救我。”

妈妈：“是啊，宝贝真聪明，一下子就懂了。以后再也不要关门了，好不好？”

孩子：“好的。”

妈妈正在欣喜孩子这么听话，一点就通，没有想到的是，孩子刚刚答应她不再关门，却在她转身的瞬间，就把门“砰”的一声关上了。

妈妈生气极了，一把推开门，怒吼道：“跟你说过多少次了，不要关门，你都当耳旁风了？你这孩子怎么这么不听话？”

孩子看到妈妈凶巴巴的样子，吓得大哭起来。

场景二

妈妈在打扫卫生，孩子在玩卫生间的门。

妈妈：“宝贝，把门关上，你可以到客厅玩。”

孩子依言把门关上，但是很快又从客厅回到了卫生间。他发现玩门是一件非常有趣的事，于是又开始关门、开门、关门、开门……

妈妈见到这样的情形，放下手里的扫帚，走过来说道：“宝贝，妈妈教你如何打开反锁之后的门，好不好？”

孩子：“好啊，好啊。”

于是，妈妈先做了一遍示范，然后指导孩子向左拧是反锁，向右拧是开锁。孩子照着妈妈说的做，反复练习几次后，孩子熟练掌握了要领，妈妈见孩子已经真正掌握了开锁的方法之后，放心地打扫卫生去了，而孩子也满足了好奇心，开心地回自己屋里玩耍了。

值得思考

否定性的语言给孩子传递的是什么信息呢？一是告诉孩子他是不对的，他不应该这样，他是不听话的，等等，用的是批评、指责、命令等一类的负面语言来教育孩子。如果父母用的负面语言多了，带来的负面影响是孩子越来越不听话。二是只阻止孩子的行为，让孩子记住了“不要”做什么，而没有告诉孩子应该做什么，能做什么。其实告诉孩子“你可以做什么”比“你不可以做什么”更有效果。

和善而坚定，不让孩子尝到哭闹的甜头

哭闹就像孩子的撒手锏，很多父母面对孩子的哭闹，就只能一味地妥协。可是我们是否想过，如果我们一直妥协，虽然可以让孩子停止哭闹，但是我们无原则地退让，对孩子的成长却是有害无益的。

对于孩子的无理要求，父母一定要坚定自己的立场，该遵守的规则一定要遵守，绝对不能因为孩子的哭闹而心软，也不能让孩子尝到哭闹的甜头，否则，孩子也会变成一个没有原则的人。

个案回顾

某个周末，朋友带女儿去附近的购物中心玩耍。在游乐场玩了半天，然后陪女儿吃了她最喜欢的蛋糕。由于没睡午觉，女儿已经迫不及待地想要躺在舒适的床上了。正准备打道回府的时候，女儿突然看到一个蛋糕店的橱窗里陈列着各种各样的甜甜圈，五颜六色，看起来极其诱人。

“妈妈，我要这个甜甜圈。”女儿的小眼睛闪着光，本来无精打采的她瞬间兴奋起来。

“宝贝，这个甜甜圈的确看起来非常好吃，假如今天你没有吃太多蛋糕的话，妈妈会为你买一个，可是很遗憾，你已经吃过很大一块蛋糕了，妈妈只能改天给你买了。”

女儿对朋友的回答非常不满意，她开始在地上打滚哭闹。她的哭声吸引了很多人的目光，朋友无比尴尬地接受着四周的目光。

事实上，朋友从来没有忽略过孩子的需求，而且在这之前已经给她买过一块蛋糕。而女儿也不是一个差劲的孩子，在甜甜圈没出现之前，她在整个行程中都表现得很乖。

那么，女儿为什么会大发脾气呢？因为在此之前，她已经忍耐很久了，她想要睡觉，她的基本需求没有得到满足，而此时她想要的东西又没有立马得到，她不管自己的要求是否合理，她只知道这已经超过了她的忍耐限度，所以她要发脾气。

朋友努力让自己平静下来，然后一把抱起躺在地上的女儿，把她抱到了卫生间的休息区，这个时候女儿已经哭得不是那么激烈了，等她完全冷静下来之后，朋友告诉女儿自己理解她的感受。

“宝贝，你现在很累，很想立即躺到你的小床上，是吗？”朋友试探性地问女儿。女儿低着头，抽泣着不回答。

“我没有给你买那个甜甜圈，这让你非常失望，是吗？”朋友继续问道。

“是的，妈妈。”女儿回答。

“宝贝，下次如果你想要甜甜圈的话，可以好好地跟妈妈表达你的需求吗？我并不喜欢你用哭闹、纠缠的方式让我屈服。如果你今天好好地表达自己的需求，我也许会改变主意。”

女儿见妈妈语气温柔，态度坚定，她没有再哭闹。之后的日子遇到想要的东西，女儿再也没有撒泼打滚过，而是学会了怎样跟妈妈表达自己的需求。

案例分析

朋友知道女儿很累，想要立即回去休息，也知道没有给她买那个甜甜圈，这让她非常失望，但是这些都不是她可以哭闹撒泼的理由。她必须用尊重的方式表达自己的需求，不能用哭闹、纠缠的方式让父母屈服。

孩子的哭闹的确会让我们感觉尴尬恼火。在公共场合，你也许会为了让孩子停止发脾气而向孩子妥协让步，甚至什么都肯做，但是这样做的结果是孩子会觉得哭闹非常有用，于是，在之后的日子里，他会把哭闹当作自己的手段，用来达到自己的目的，甚至提出一些更加过分的要求。

现在试试这样做

可以说，与孩了的交往也是一场博弈，你来我往，见招拆招，对于那些原则性的东西，父母一定要坚持到底，一时心软放纵都是在娇惯孩子，不利于孩子的成长。只是，在让孩子执行我们这一决定的过程中，我们一定要坚持两个原则，那就是态度温和，立场坚定。温和的态度是对孩子的尊重，坚定的立场是对事情本身的尊重。

1. 温和地说出孩子的感受或状态

面对孩子的哭闹，先花一点儿时间等待孩子冷静，同时调整好自己的心态，在双方能够理智地对话时用温和的口吻描述出孩子的感受或状态，这表示父母能看到孩子的负面感受。比如说：“哦，你现在感觉很难过，你想这样做。”当你这样说的时候，也就等于告诉孩子“我接纳你的情绪，并理解你的感受”。当孩子知道自己的感受被理解和接纳，他的脾气可能就会烟消云散。

2. 和善坚定，决不妥协

不管孩子在经历了第一步之后是否还在哭闹，你都应该坚定自己的立场，不能因为孩子不哭了就改变立场，满足孩子的要求，也不能为了让孩子停止哭闹而妥协让步。你要让孩子明白，想要通过哭闹、发脾气的方式来威胁你，从而满足自己的愿望，是最糟糕无效的方式。所以，这个时候无论孩子的要求是否合理，我们都要坚定自己的态度，表示出对哭闹行为的不赞同。

3. 告诉孩子正确处理问题的方式

哭闹不能解决问题，那怎样才能解决问题？我们在拒绝孩子的时候，一定要告诉孩子他怎样做才能达到自己的目的，如此，孩子才能学到处理问题的正确方法。

场景模拟

场景一

清晨，妈妈在厨房做饭，女儿走进来拉着妈妈的手，央求妈妈带自己出去玩。

“妈妈，我想让您带我出去玩。”

“可是，爸爸中午要回来吃饭，我们出去了，谁来做饭呢？”妈妈反问道。

“爸爸做，爸爸做，您陪我出去玩。”女儿说。

“爸爸要上班呀，他可没有时间做饭。”妈妈回答。

“不，我现在就想出去玩。”女儿一屁股坐在地上，哭闹起来。

“你赶紧起来，别把裤子弄脏了，妈妈带你出去玩还不行吗？”妈妈叹了口气，解下了围裙。

场景二

清晨，妈妈在厨房做饭，女儿走进来拉着妈妈的手，央求妈妈带自己出去玩。

“妈妈，我想让您带我出去玩。”

“可是，爸爸中午要回来吃饭，我们出去了，谁来做饭呢？”妈妈反问道。

“爸爸做，爸爸做，您陪我出去玩。”女儿说。

“爸爸要上班呀，他可没有时间做饭。”妈妈回答。

“不，我现在就想出去玩。”女儿一屁股坐在地上，哭闹起来。

“我知道你想出去玩，但是你必须等我把饭做好了。如果你现在觉得很难过，想哭就哭一会儿吧。”妈妈继续切菜。

“妈妈，那您先陪我出去玩，回来再做饭好不好？”女儿见哭闹无用，开始讲条件。

“还是你先陪妈妈做饭吧，等吃完饭，妈妈再陪你出去玩。”妈妈依然坚持。

“妈妈先陪我玩，我再陪妈妈做饭。”女儿继续央求着。

“可是爸爸工作了一上午，肚子很饿，回到家之后却不能立即吃上饭，爸爸该多难过啊。”妈妈的语气依然温柔。

“晚一点儿吃不行吗？”女儿有一点儿松动。

“按时吃饭才能身体好啊！”妈妈笑了笑，摸了一下女儿的头。

就这样，你一句，我一句，最终，女儿败下阵来，主动留在厨房帮妈妈做饭。

值得思考

坚持原则并不仅限于大是大非，日常生活中的一些小事我们也应该坚持，正所谓“千里之堤，溃于蚁穴”，很多时候，一些大错的铸成都是由无数小错积累而来的，作为父母，如果不从小培养孩子的原则性，在孩子犯小错的时候不及时纠正和教育，那么孩子以后很有可能犯下大错。

第三章

赞美与批评：孩子终会成为你期待的样子

「导语」关键词：真诚＋有度

哲学家威廉·詹姆士说过这样一句话："人类本质中最殷切的需求是渴望被肯定。"任何人都渴望赞美，大人得到别人的赞美会更加自信，纯真无邪的孩子更是如此。当孩子得到大人的肯定，他的内心会有被认可的成就感，因此会更加自信。父母常常用肯定的语气鼓励孩子，赞美孩子，会让孩子变得更加优秀。

很多父母表达爱的方式非常含蓄，很多时候羞于赞美。其实，赞美和肯定并不会花费我们太多的时间和精力，赞美也并不像我们认为的那样造作矫情。它是一种能量，可以让孩子变得自尊、自信，更加积极向上。

对于还在成长中的孩子来说，他的人生经验肯定没有大人丰富，他一开始并不知道什么是家教，什么是礼貌，什么是道德，什么是危险……这就要求我们要告诉孩子"为什么要这样做"，以及"为什么不这样做"。所以，除了赞美之外，批评也是养育孩子过程中必不可少的手段。

当然，批评跟赞美一样，也是需要技巧的，批评的目的绝对不是让孩子仇视父母，或者让孩子觉得父母不爱自己，而是要让孩子觉得自己在父母的心中很重要。

所以，作为父母，我们需要认真地去学习赞美与批评的艺术。合理地运用赞美，让我们的赞美到位又入心；正确地去批评，通过批评来传达我们对孩子深深的爱意。

言之有物，具体的赞美更有效

赞美看似是一件简单的事，其实是非常难的。诸如“你好棒啊”“你真聪明”这样缺乏具体性的赞美其实是无效赞美，因为孩子并不知道你在赞美什么。所以，真正的赞美并不是可劲儿地夸孩子，而是知道什么时候该赞美，什么时候不赞美，言之有物，真诚具体，你需要对具体的事项进行鼓励，让孩子知道自己究竟棒在什么地方，而不是敷衍地说“你真棒”。

比如孩子画了一幅画给你看，即使此时的你正在忙着做比欣赏画作更重要的事，但作为父母，你最好暂停一下，抽出几分钟时间来专心欣赏孩子的画作，并用真诚的语言去鼓励他：“画得真好，尤其是这座山，看起来真是巍峨壮观，哇，这山顶的太阳只有一半，它是被山给吃掉了吗？这落日真的很逼真呢！”这样的话语不但肯定了孩子的劳动成果，树立了孩子的自信心，还维护了孩子对画画的热情。有了父母的肯定，孩子会对画画更加感兴趣。

个案回顾

妈妈在厨房做饭，八岁的女儿在悄悄地整理客厅和卧室，因为今天是母亲节，她想给妈妈一个惊喜。

妈妈从厨房出来之后，看到干净整洁的房间，惊喜至极，忍不住连声夸赞："宝贝，你真的是太棒啦！你真厉害！有你这么懂事的女儿，妈妈真的很欣慰。"

看得出来，妈妈是真的很开心，也真的觉得女儿很棒。但是女儿却似乎并不满足于这样的赞美。她拉着妈妈的手，给妈妈展示自己的劳动成果：玩具整整齐齐地放在收纳箱里；原本杂乱无章的书桌上，笔和书都分门别类地放好了；拖过的地还没有干透……

看到女儿意犹未尽的样子，妈妈恍然大悟，认真地巡视着女儿的杰作，然后由衷地夸赞道："宝贝，你把地拖得真干净，书桌上的杂物也收纳起来了，现在，我们家看起来整洁明亮多了，你真的长大了，都学会帮妈妈做家务了。你是不是也觉得自己很能干？"

女儿听了妈妈的话，开心地笑了，暗暗下决心，以后要多帮妈妈拖地、整理杂物，做一个能干的小帮手。

案例分析

在这个案例中，假如妈妈的夸奖止步于最开始的笼统赞美，那么妈妈就失去了一次鼓励孩子的好机会。幸好，妈妈及时发现了自己的错误，把笼统的赞美变为对细节的赞许："你把地拖得真干净，书桌上的杂物也收纳起来了，现在，我们家看起来整洁明亮多了。"

除此之外，妈妈还改变了称赞的主语，把"妈妈觉得你真能干"改成了"你是不是也觉得自己很能干"。这个小小的改变看起来没什么区别，实际上却弱化了他人的肯定，强化了自我的肯定，这对孩子性格的形成会有潜移默化的影响。

类似于“妈妈觉得你真棒”“妈妈觉得你真聪明”，这样的评价式表扬会强化他人对自己的评价和认可，久而久之，孩子就会过分在意他人对自己的看法，依赖他人的评价和认可，而不是自我的肯定，这样他就很容易成为一个缺乏自我意识的人。

现在试试这样做

称赞孩子一定要言之有物，不要再只说“你真棒，妈妈太为你自豪了”。“好”和“棒”只是一个虚无的概念，孩子并不知道好在哪里，也不知道父母赞美的是什么，自然没办法通过表扬知道今后该怎样做才能变得更好。

1. 找到赞美的细节和理由

父母在表扬孩子时，说得越具体，孩子越容易明白哪些是好的行为，越容易找准努力的方向。所以，赞美孩子的时候我们首先要找到赞美的细节和理由。比如对孩子说：“宝贝，这学期你没有一次迟到早退，家庭作业每次都完成得很好，听老师说你在课堂上回答问题也很积极，看到你变得越来越优秀，我真为你高兴！”孩子会因此知道，表现良好是因为不迟到早退，作业完成得很好，回答问题很积极，在接下来的日子，孩子会更加注重这几个方面的表现。

2. 多赞美过程，弱化结果

多对孩子做事的过程进行赞美，而弱化结果。比如说，孩子在作文比赛中摘得桂冠，不要这样赞美：“宝贝的文章写得真好，拿了第一名呢！”这样的赞美虽然能暂时鼓励孩子，但是很容易让孩子太关注结果，假如下一次取得的成绩并不理想，孩子就会变得非常沮丧，甚至会害怕失败，不愿接受挑战。

正确的做法是赞美过程，可以这样说："宝贝，这次赢得比赛，离不开你平时的积累，你每天坚持阅读，坚持写作，你的付出和努力，我都看在眼里。希望你能继续努力，写出更好的作品，我将是你最忠实的读者。"这样的赞美强化了过程，弱化了结果，孩子认识到努力的过程比结果更加重要，如此，失败这个结果对孩子来说也就无关紧要了，这样任何失败都不会将孩子打败。

3. 态度要真诚，拒绝敷衍

在赞美孩子时，态度一定是第一位的，甚至比你所说的内容还要重要。相对于态度敷衍的随口表扬来说，孩子更希望父母能看到自己的努力，对自己的努力给予真诚的反馈。所以，要想让你的赞美达到良好的效果，我们在表扬孩子的时候一定要注意自己的态度和语气。让孩子从你的赞美中感受到你的诚意和真心，从而让孩子产生自我认同。记住，只有基于客观事实，发自内心地表扬与肯定，才能让孩子从内心真正地认可自己。

场景模拟

场景一

孩子在搭积木，妈妈在整理房间。

孩子："妈妈，您快看，我拼了一个城堡。"

妈妈："嗯，我看见了，拼得真棒。"妈妈依然在做自己的事情。

孩子："您看都没看。"语气里尽是失落。

场景二

孩子在搭积木，妈妈在整理房间。

孩子："妈妈，您快看，我拼了一个城堡。"

妈妈："哇，让我看看。你拼的城堡太壮观了，这儿是公主的卧室吗？花园可真大，公主可以在这里举行派对。"妈妈放下手中的事，认真地观看积木桌上的城堡，由衷地发出赞叹。

孩子："这真是一个好主意，我去邀请她的朋友。"孩子兴奋地去找来一大堆玩偶，玩起了派对游戏。

值得思考

赞美孩子的同时，也要鼓励孩子进行自我反省和自我评价。当孩子完成一件事的时候，父母不要急于给予评价，而是鼓励孩子进行自我评价，让他们谈谈对这件事的感受，看孩子是如何看待自己的行为的。还可以在睡前和孩子一起简单回顾一天的活动，让孩子进行自我反省，强化优点，改正缺点。

赞美有度，让孩子学会正确看待自己

在孩子成长的过程中，父母的鼓励和赞扬是不可缺少的养料。那些常常获得肯定和赞扬的孩子更加自信、自觉，更有毅力去坚持做一件事，从而能更好地挖掘自己的潜能，成为一个更优秀的人。赞美的妙处无须赘述，相信父母都已经知晓。正是因为我们太知道赞美的作用，所以很容易滥用成灾。

任何事情过犹不及，赞美也要有度，这就和用药一样，再好的药一旦用得过度了，非但起不了治病救人的作用，还会产生新的问题。过度赞美，滥用赞美，反而会让孩子因为害怕失败而不敢尝试，裹足不前。这绝不是危言耸听。

个案回顾

五岁多的萌萌拿着画笔在纸上随意涂鸦，妈妈看见了，赶紧凑过来看看画的是什么，那横七竖八的线条，实在不知道画的是什么，但是妈妈为了不打击女儿的积极性，故作激动地拍手赞美道：“哇，宝贝画得真好，你以后一定是个小画家。”

爸爸下班回来之后，妈妈献宝似的拿出女儿的“佳作”，让爸爸欣赏。爸爸看了看，也拍手叫好，夸奖女儿真聪明，这么小就能画这么好的线条了。

看到爸爸妈妈都夸奖自己，萌萌很开心，每天都兴致勃勃地涂鸦。接下来的几天，不管萌萌画的是什么，爸爸妈妈都会赞不绝口，萌萌也真的开心了好多天。但是突然有一天，萌萌却把画笔扔在一边，不再画画了。妈妈很疑惑地问道："萌萌，你不是很喜欢画画吗？怎么现在不画了呢？"

萌萌噘着嘴，不高兴地说道："我不喜欢画画，画画一点儿意思都没有。"

案例分析

为什么萌萌不喜欢画画了呢？

最开始，听到爸爸妈妈的夸奖，萌萌的确很开心，也从画画中感受到了乐趣。萌萌每次画画，爸爸妈妈都会很开心地夸奖她，说她是个聪明的宝宝，于是她更加卖力地画着。在爸爸妈妈的夸奖下，萌萌形成了自己是绘画天才的固定思维，只要画得好，自己就是聪明的宝宝。

然而萌萌毕竟还小，画久了也会厌倦，也可能她并没有绘画天赋，抑或是她根本就不知道该画什么，于是她开始担心，担心自己不会画画这件事会被爸爸妈妈发现，他们会因此不再喜欢自己。所以，她拒绝画画，甚至干脆说自己不喜欢画画，用这样的方式逃避所有问题，以此维护自己"聪明"的形象。

现在试试这样做

过度、没有节制的赞美会让孩子形成固定思维，假如孩子发现自己并非像父母说的那样优秀，她会因此而心生担忧，怕自己让父母失望，然后消极地对待一切问题。那么，怎样赞美孩子，才能避免孩子形成错误的固定思维呢？

1. 夸赞行为，而非孩子自身的特质

不要夸赞孩子自身的特质，而要夸赞孩子的行为。比如说把“你真聪明”换成“你真努力”，聪明是自身特质，而努力则是孩子的行为。这样做的原因是什么呢？孩子的自身特质属于固定型的，比如说聪明、天赋等，如果我们总是强调孩子自身的天赋，往往会让孩子忘了努力的重要性。另外，生活中总会碰见一些难题，那些常被夸赞聪明的孩子如果没有解决这个难题的信心，他就会选择逃避，以免被人说不聪明。

2. 就事论事，不要夸大其词

赞美应该就事论事，不要夸大其词。比如，孩子对写作非常感兴趣，常常写出一些构思新颖的故事，请把“你真了不起”“你是最棒的”这样的话换成“这个故事写得真不错”。言过其实的赞美会让孩子自以为是，骄傲虚荣。

3. 节制有度，掌握分寸

赞美要节制有度，掌握分寸。孩子经过努力做出了成绩，或者孩子的一些良好习惯都应该得到赞美，但不要反复去夸赞一件事，取得的成就夸过一次就可以了，不要时不时拿出来说。在孩子刚开始培养良好习惯时多鼓励赞美，习惯养成后就应适当减少赞美。另外，当孩子做了一些错误的行为时，即使孩子撒娇耍赖皮，也不能为了迁就他说好话。

场景模拟

场景一

乐乐妈妈是个喜欢赞美孩子的妈妈，不管孩子做了什么，都能得到妈妈的赞美。

乐乐："妈妈，您看，我都会写自己的名字了。"

妈妈："哇，宝贝真棒，这么小都会写自己的名字了。"

乐乐："妈妈，您看，我会穿鞋子了。"

妈妈："宝贝真聪明，都会穿鞋子了。"

乐乐："妈妈，您看，我会……"

妈妈："宝贝真厉害……"

乐乐："妈妈，您看，我可以爬这么高。"

妈妈："这里写着'禁止攀爬'，爬那么高真的太危险了。"妈妈的语气有点儿严厉。

习惯了被赞美的乐乐，这次不但没有得到妈妈的赞美，反而听到了妈妈略带责备的声音，顿时小脸一皱，哭闹道："乐乐再也不喜欢妈妈了。"

那一天，乐乐的心情都极其糟糕。

场景二

佳佳妈妈明白赞美对孩子的重要性，所以，她不敢滥用赞美。

佳佳："妈妈，您看我都会写自己的名字了。"

妈妈："是的，宝贝已经会写自己的名字了。努力练习，妈妈很期待你能写更多字的那一天。"

佳佳："好的，妈妈，我会努力的。"

妈妈："宝贝，加油！"

佳佳："妈妈，您看，我会穿鞋子了。"

妈妈："宝贝，恭喜你，又学会了一个新技能。"

佳佳："妈妈，您看，我可以爬这么高。"

妈妈："这里写着'禁止攀爬'，爬那么高真的太危险了。"妈妈的语气有点儿严厉。

佳佳："对不起，妈妈，我这就下来。"

值得思考

过多、过高地评价孩子，很容易让孩子过于自负，不能正确地看待自己。孩子对自己的评价过高，往往不会踏实努力，谦虚上进，这样的人不能接受自己的平庸，总觉得自己怀才不遇，于是稍微遇到一点儿挫折就会怨天尤人，就是不从自身找原因。

当孩子犯了错误之后，你可以这样做

不得不承认，教养孩子是一项艰巨的任务。在这期间，你会犯错误，你的孩子同样也会犯错误。当孩子犯错之后，有的父母喜欢替孩子承担过失，帮孩子收拾烂摊子，这样做会使孩子失去认识错误、自我反省的机会，从而让孩子成为一个推卸责任、没有担当的人。

而另外一些父母则喜欢在孩子犯错之后，给孩子讲一箩筐大道理，甚至对孩子大打出手，想方设法让孩子认识到自己的错误，并改正自己的错误。但是，这样做往往收效甚微，反而还会对亲子关系造成伤害。家长的严厉苛责还会影响孩子对待错误的态度，更有可能让孩子养成逃避责任的习惯，有些孩子甚至在做错事的时候用说谎来逃避责任。

那么，孩子犯错后，正确的做法是什么呢？英国著名教育家赫伯特·斯宾塞指出：“当孩子认识到自己错误的行为所产生的自然后果后，吸取这方面的经验，以后不再犯，就是自然惩罚。”

个案回顾

朋友最近发现了一个问题，他上四年级的儿子在生活中不管出了什么差错，总是习惯性地责怪别人，从来不反省自己的问题。他决定给孩子一次教训，让他学会承担责任。

这天，儿子刚出门，他就发现儿子的语文课本还在书桌上，他本能地想追上儿子，把课本送给他，但是在出门的那一刻，他犹豫了，最终，他为了让儿子学会承担责任就没有给他送课本。

下午儿子放学回家，一副垂头丧气的样子，责怪爸爸为什么没有提醒他，使他当众被老师批评。

朋友听了儿子的话，语重心长地说："儿子，爸爸一直提醒你每天收拾好自己的东西，出门检查自己的书包，但是你一直都当耳旁风，总是习惯别人提醒你。但是，爸爸也有自己的事情，不可能一直跟在你的后面弥补你犯下的错误，你要学会自己提醒自己，自己承担犯错的后果。其实，爸爸在工作中也会犯错误，也会受到老板的指责，爸爸回到家有没有把责任推给你呢？"

儿子听后，若有所思地点了点头。从此以后，朋友的儿子养成了在出门之前检查书包的好习惯。他也学会了自我反省，很少再犯同样的错误。

案例分析

在这个案例中，朋友的儿子因为忘记带课本而被老师批评。这就是典型的"自然惩罚法则"。

"自然惩罚法则"是18世纪法国著名教育家卢梭提出的，卢梭指出："儿童所受到的惩罚，只应是他的过失所招来的自然结果。"

意思是说，当孩子犯了错，不应该对孩子进行过多的指责或抱怨，而应让孩子自己直接承受错误造成的后果，如此孩子才能在承担后果的痛苦过程中自我反省，从而学会弥补过失，纠正错误。总的来说，就是让孩子吸取教训。

比如，当孩子故意或不知道爱护而弄坏了自己的玩具，大人不要急着去帮他修好，或者赶紧给他买一个新的，而要让他感受到失去玩具之后的不愉快；当孩子故意将颜料涂在自己全身，不要急着责怪他，或者着急地帮他清洗干净，而要让他自己学着去清洗，让他感受清洗颜料是多么辛苦的一件事；当孩子挑食不吃饭，或者贪玩不认真吃饭，那就撤掉他的食物，并拒绝为他提供零食，让他感受饥饿，直到下一次就餐时间的到来……用“自然惩罚”来强化孩子的犯错体验，孩子就会牢记教训，告诉自己下次要小心。

现在试试这样做

李嘉诚说过这样一句话：“世界上最浪费时间的事就是给年轻人讲经验，讲一万句不如你自己摔一跤，眼泪教你做人，后悔帮你成长，疼痛才是最好的老师。”那么，我们如何在孩子的教育上运用好“自然惩罚”这一法则，让孩子学会为自己的行为负责呢？

1. 允许孩子犯错，把犯错当成一次学习的好机会

歌德说：“有错必纠是对的，但鼓励他人上进的效果会更好。”每个人都是在犯错中成长的，所以，我们要允许孩子犯错，只有犯错才会有更多的学习机会。所以，当孩子犯错之后，与其执着于纠错，不如问问孩子：“你在这件事上学到了什么？”

当然，允许孩子犯错，并不是要你在孩子犯错的时候第一时间

冲过去拥抱、安慰并及时地解救他。你必须学会看着你的孩子体会犯错所造成的焦虑、不安。如此，孩子才能慢慢学会担责。

2. 接纳错误，避免重复犯错

心理学家认为："一个错误一旦发生，就算你发再大的火，它也已经发生了。眼下你最应该做的事就是接纳这个错误，并想办法如何避免重复犯这个错误。"比如，当孩子把花瓶打碎了，无论我们如何惩罚孩子，花瓶也不会完好如初，这时，我们最应该做的就是告诉孩子："把碎掉的玻璃碴儿收拾好，免得碎玻璃弄伤自己。"之后，告诉孩子远离这些危险易碎的东西。

在整个过程中，我们的态度是温和的，而不是严厉的，如此孩子才不会产生逆反心理，并记住这个教训，反省自己的过失。

3. 减少对孩子行为的干涉，让孩子对自己的行为负责

站在一个旁观者的角度，告诉孩子这样做会导致什么后果，启发他发现错误，引发自省，并让他自己决定怎么解决。我们也可以向孩子提出建议，必要的时候陪孩子一起解决，但绝不是代劳。

4. 拒绝打骂，鼓励孩子说真话

无论是谁，知道自己犯错了都会害怕恐惧。很多时候，孩子用说谎来掩盖自己的错误，是因为孩子害怕受到惩罚或失去父母的爱。所以，当孩子犯错后，鼓励孩子说真话，是每个父母都应该认真去做的事。

我们要从爱护孩子的角度出发，理解孩子的感受，消除孩子的恐惧。如此，孩子才敢于说真话，勇于承担过失，并主动承担责任，进行自我修正，弥补错误。

场景模拟

场景一

儿子放学回家，垂头丧气地告诉妈妈："妈妈，我今天犯了一个错。"

妈妈："没关系，告诉妈妈，你犯了什么错？"

儿子："我把同学的新钢笔弄坏了。那是他姑姑从国外给他带回来的，非常珍贵。"

妈妈："没关系，你问问你同学那支钢笔多少钱，我们赔给他。"

儿子："谢谢妈妈，妈妈最好了。"

场景二

儿子放学回家，垂头丧气地告诉妈妈："妈妈，我今天犯了一个错。"

妈妈："没关系，告诉妈妈，你犯了什么错？"

儿子："我把同学的新钢笔弄坏了。那是他姑姑从国外给他带回来的，非常珍贵。"

妈妈："哦，那真的很遗憾。你打算怎么做？"

儿子："那支钢笔国外买不到了，我只能先取得他的原谅，然后赔偿他的经济损失。"

妈妈："嗯，也只好如此了。明天你的首要任务就是跟同学道歉，并取得他的原谅，然后再想办法赔偿他的损失。"

儿子看到妈妈并没有帮自己赔偿的意思，急得快哭了："我自己想办法赔偿？我到哪里去弄那么多钱啊？"

妈妈："钢笔是你弄坏的，你必须承担赔偿的义务，为你自己的过失负责！妈妈可以借钱给你，但妈妈不会白替你出钱，你必须在一年后将钱还给妈妈。"

儿子答应了妈妈的要求。在之后的一年，儿子需要付出的代价就是必须节省零花钱，并努力帮妈妈做事换取报酬。最终，这个孩子为自己的错误买了单。

值得思考

孩子在犯了错之后，就如同惊弓之鸟，内心的恐惧会让他极力掩盖自己的犯错行为，闭口不谈自己的过失，甚至编造谎言来逃避自己的过失，也就谈不上悔改了。因此，当孩子犯错之后，我们要注意沟通的技巧，如此才能让孩子有勇气承认自己的过失，有信心为自己的错误负责。

批评不等于责难和羞辱

虽然我们不提倡批评式教育，但是对于孩子来说，行为有偏差在所难免，我们也不得不纠正孩子的行为，所以，如何正确地批评孩子就尤为重要了。

个案回顾

当妈妈发现上三年级的儿子书包里多了几支水彩笔的时候，她决定与孩子谈一谈。于是，她找了个没有人打扰的时间，把孩子抱在怀里，然后问道："儿子，你能告诉妈妈，你书包里的水彩笔是怎么来的吗？"儿子低着头，不说话。

这个时候，妈妈基本可以确定儿子的水彩笔是偷来的，不过她没有责骂儿子，而是语重心长地说道："儿子，妈妈曾经也犯过一个错误。我上幼儿园的时候曾经偷拿过别的小朋友的橡皮，我知道那样做很不应该，那个小朋友因为丢了心爱的橡皮而哭泣，所以我感到非常愧疚。"

"妈妈，西西的书包里有好多彩笔，好多好多，我都数不清。"儿子的声音低若蚊蝇。

“妈妈猜想，西西一定是个爱画画的孩子，他为了买这盒水彩笔肯定攒了很久的零花钱，当他发现少了几支后肯定懊恼得想哭，西西的妈妈也有可能会因为西西丢失水彩笔的事而责备西西。”妈妈并没有立即反驳儿子的话，而是跟儿子讨论西西丢了水彩笔之后可能承受的后果。

“妈妈，我拿水彩笔的时候根本没有想这么多。”儿子愧疚地低下了头。

妈妈摸了摸儿子的头，说道：“妈妈很爱你，但是妈妈真的很不喜欢你偷拿别人东西的这种行为。”

“妈妈，我以后再也不偷拿别人的东西了，您能陪我一起去西西家，把水彩笔还给他吗？”儿子发自内心地悔悟了。

妈妈表示非常支持儿子的想法，并且陪同儿子一起去了西西家。

案例分析

案例中的妈妈最终能够让儿子真心悔悟，是因为她在指出儿子的错误时，没有任何责难和羞辱，反而给儿子一种包容和理解的感觉，从而很容易取得儿子的理解和配合，这就是批评的艺术性。

在家庭教育中，批评必不可少。批评不仅是一种教育手段，更是一种教育艺术。我们必须明白，批评的目的是让孩子改正缺点和错误，而不是责难和羞辱孩子。

“妈妈很爱你，但是妈妈真的很不喜欢你偷拿别人东西的这种行为。”这句话无疑是在告诉孩子“我不喜欢你的这种行为，但是跟你这个人没有关系，无论你是什么样子，妈妈都会爱你”。没有任何话语比“妈妈爱你”更有魔力。

现在试试这样做

随着社会的进步，父母的文化素质越来越高，大多数父母摒弃了“棍棒底下出孝子”的教育方式，但是身体暴力刚刚退出历史舞台，语言暴力又应运而生，打孩子的父母越来越少，用语言羞辱孩子的父母却越来越多。

事实上，语言暴力的杀伤力并不亚于身体暴力，大多数时候，将孩子打一顿，孩子只是痛一阵子，而羞辱和责难对孩子的伤害也许一生都很难愈合。语言暴力对孩子的危害如此大，那么，我们该如何批评孩子，才能避免对孩子造成伤害呢？

1. 批评孩子是帮助孩子成长，而不是宣泄自己的情绪

当孩子犯了错，父母难免会生气，这就导致很多父母在批评孩子的时候，只是在宣泄自己的情绪，而不是注重如何帮助孩子解决问题。

批评孩子的时候，我们首先要管理好自己的情绪，不要让愤怒覆盖我们的一切感受，做出让自己懊悔不已的决定。更不要随意给孩子贴标签，给孩子传递一些负面信息。试着给自己和孩子一些时间，待大家都能够心平气和的时候再解决问题，先倾听孩子的声音，再说出你的感受，然后借机指出孩子的错误，并让孩子主动去承担责任，弥补错误。

记住，真正有意义的批评是让孩子明白自己为什么错了，错在哪里，需要如何改正，从而让孩子吸取教训，得到成长，而不是一味地发泄你的情绪。

2. 可以指出错误，但不要责难或羞辱，更不要随便给孩子贴标签

辱骂孩子是最典型的语言暴力。当孩子把水洒得满地都是的时候，你劈头盖脸一顿数落："不是早告诉你要小心一点儿吗？把水洒得满地都是，笨手笨脚的，什么都做不好。我看你就是故意的，你个坏孩子。"这样的批评对孩子毫无益处，反而打击了孩子的自信心，让他真的相信自己很笨。

孩子把水洒在地上固然不对，但是这并不是品质问题。所以，不要给你的孩子贴上"笨蛋""坏孩子"这样的标签。要知道，这些负面标签会给孩子一些心理暗示，让孩子觉得自己天生就是一个笨蛋，一个坏孩子，无法改变，孩子因此变得自暴自弃，真的会成为你口中描述的样子。

孩子的自尊、自信一旦被摧毁，是很难重建的。这样的教育方式不仅不能让孩子幡然醒悟，还有可能让孩子的羞耻心荡然无存，假如孩子抱着破罐破摔的心态，要想往好的方向教育就更难了。

3. 任何时候都不要把你的孩子和别人家的孩子比较

很多父母在生气的时候喜欢用失望的口吻给孩子下定义："你就这点儿出息，和 ×× 家的孩子相比差远了。"对于父母而言，这只是一句无心之言，但孩子却会当真，长此以往，孩子的内心就会产生一种心理暗示："我不行""我永远比不上别人家的孩子"。

不要随便给孩子下定义，也不要把"别人家的孩子"挂在嘴边，父母任何带有嘲笑、责骂的话语，都会让孩子幼小的心灵受到伤害。孩子没有辨别是非的能力，他觉得父母说什么就是什么："既然您说我什么都不行，什么都比不上人家，那我肯定就什么都

不行，事事不如他人。”所以，父母尽量不要跟孩子说伤他自尊的话，也不要把他跟任何人比较，因为这样除了会让孩子自我评价过低之外，对孩子的健康成长毫无帮助。

场景模拟

场景一

早上，女儿上学之后，妈妈打开女儿房间的门，映入眼帘的景象可以说是相当惨烈：玩具扔得到处都是，换下的脏衣服、鞋子扔得满地……

下午，女儿高高兴兴地回家了。

女儿：“妈妈，我今天在学校的歌唱比赛中获得了第一名。”

妈妈：“歌唱得好又怎样？不还是个邋遢的孩子？就知道唱歌，你能把你的房间好好整理整理吗？”

女儿：“房间有什么好整理的。”

女儿心中的雀跃顿时消失殆尽，她十分不理解唱歌和整理房间有什么关系。

场景二

早上，女儿上学之后，妈妈打开女儿房间的门，映入眼帘的景象可以说是相当惨烈：玩具扔得到处都是，换下的脏衣服、鞋子扔得满地……

下午，女儿高高兴兴地回家了。

女儿：“妈妈，我今天在学校的歌唱比赛中获得了第一名。”

妈妈高兴地说：“是吗？妈妈真替你高兴，我的女儿越来越像一个歌唱家了。要是你把乱扔东西的毛病改一改，就是一个更优秀的孩子了。”

女儿：“好的，妈妈，以后我再也不乱扔东西了。”女儿兴奋极了，跟妈妈保证道。

自那之后，女儿乱扔东西的毛病改了很多，还开始自觉地学着整理物品。

值得思考

父母对孩子说的每一句话都对孩子影响深远，决定着孩子对自我的认知。经常受到鼓励的孩子会更加自信，而常常被贬低的孩子自我评价往往会更低。孩子最终会成为你口中所描述的样子，作为父母，我们要时刻注意自己的言行，即使是批评孩子，也不要向孩子传递一些负面的信息，更不要总是打击、贬低孩子。

第四章

激发内驱力：增强孩子的核心竞争力

「导语」 关键词：放权＋赋能

“愿你春不寒，愿你三冬暖，愿你天黑有灯，下雨有伞。”这是很多父母对孩子的祝愿，也是对孩子未来的期待。我们爱孩子，所以我们希望他健康成长，希望他有一份稳定的工作，希望他有三五知交好友，希望他的人生平安顺遂……当然，在竞争激烈的今天，我们也希望孩子在人生这个跑道上不被淘汰。

法国著名教育家爱尔维修说过这样一句话：“即使是普通的孩子，只要教育得当，也会成为不平凡的人。”这句话足以证明养育方式的重要性，孩子最终会变成什么样的人，很大程度上取决于父母。

《小王子》的作者安托万·德·圣·埃克苏佩里说：“如果你想让人造一艘船，不要让他去收集木头，也不要发号施令，更不要分配任务，而是要激发他对海洋的渴望。”同样，父母如果想让孩子变得更加优秀，最重要的不是加入“鸡娃”大军，做一根催促孩子的马鞭，而是要在孩子的内心埋下一个火种，激发孩子内心的渴望，引爆他们的内驱力，让他们主动去努力、去学习、去增强自身的核心竞争力。

学习力：激发孩子学习的内驱力

什么是内驱力？简单来说就是孩子内心真正的热爱和主动的需求。不管是学习还是生活，如果父母能够找到正确的方法，激发孩子的内驱力，那么孩子就会主动去做自己喜欢的事情，而不需要父母反复地督促提醒。内驱力得到激发的孩子动力十足，快速高效，反之，则拖拖拉拉，做事缺乏持久性。

个案回顾

邻居家的孩子小名叫沐沐，刚上小学四年级。每天辅导孩子做作业是邻居最煎熬的时候，一到这个时间，她先生总是躲得远远的，因为她和儿子之间没有一天不会为了写作业的问题而爆发“战争”，而先生的不作为也让她气闷不已。邻居自嘲说，总有一天她会被气得做心脏搭桥手术。

每天吃过晚饭，到了写作业的时候，邻居和儿子之间的“战争”就拉开了序幕。

妈妈：“沐沐，该写作业了。”

沐沐：“妈妈，我想上厕所。”这是沐沐写作业之前必不可少的行为。

妈妈："赶紧去，别拖拖拉拉。"

沐沐慢悠悠地进了厕所，在厕所磨蹭了快二十分钟，然后出来了。妈妈又开始催促道："厕所上完了，现在该写作业了吧！"

沐沐懒洋洋地坐在书桌前，刚把书和作业本摆好，又对妈妈说道："妈妈，我想喝水。"

妈妈耐着性子把水递给沐沐，沐沐喝了一口，然后从文具袋里掏出笔、橡皮擦、转笔刀等各种东西，先把铅笔削好，再把橡皮擦弄干净，各种磨蹭，就是不开始写作业。妈妈实在忍不住了，又开始催他："快开始写啊，都浪费半个小时了。"

"妈妈，我刚才削铅笔把手弄脏了，得洗个手。"沐沐又找了一个借口。

"快去快回。"妈妈无可奈何，只得同意他洗手。

等他洗完手回来，终于坐下来开始写作业了，但是没写两个字，又开始提要求："妈妈，我想喝酸奶。"

最终，妈妈实在忍不住了，开始吼他："做个作业就跟要你命似的，磨磨叽叽，要这要那，跟伺候皇帝一样。你爱写不写，又不是帮我写。"

见妈妈吼他，沐沐眼圈儿一红，抹着眼泪说道："又不是我想上学的，是你们非要我去的。"

妈妈气得火冒三丈："我们让你学习还不是为你好，现在不好好学习，长大能有什么出息？"

……

本来只需要半个小时就能完成的作业，就这样拖拖拉拉，连吼带骂，最终两三个小时还不一定能完成。因为作业的事，邻居被儿子气哭好多次，反复如此，她都想破罐破摔了。

案例分析

沐沐的行为就是典型的内驱力不足。如果孩子的内驱力不足，对学习提不起太大的兴趣，即使在父母的“威逼利诱”下不得不每天学习，但是一旦脱离了父母的监督与逼迫，无论此前他曾坚持了多久，也可能无法再燃起主动学习的热情了。

学习应该是自发的、主动的，是孩子为了满足自己内心的需求去学的，而不是用外在的压力让孩子去学的，比如父母的威逼或者物质激励。从心理学上来说，这样的方式是一种外部刺激的动机和方法。由外界压力产生的学习行为是最低效的，孩子很难感受到学习的愉悦，他们并不认为学习是为自己学的，并且会逐渐失去自己的价值感。一旦外界压力撤出之后，他们就会重新寻找自己的价值。

现在试试这样做

美国哈佛大学的心理学教授，世界著名心理学家、教育家杰罗姆·布鲁纳认为，能够主动学习的孩子，都有三个基本的内在驱动力：好奇内驱力（求知欲）、胜任内驱力（成功的欲望）和互惠内驱力（人与人之间和睦相处）。那么，我们如何才能引爆孩子的内驱力，让孩子主动去学习呢？

1. 认真回答孩子的每一个问题，保护孩子的好奇心和求知欲

保护孩子的好奇心，激发孩子的求知欲，对于激发学习动力非常重要。有强烈求知欲和好奇心的孩子会非常喜欢问问题，大多数父母开始还能耐心地回答孩子的问题，时间久了就会缺乏耐心，开始烦躁，面对孩子的提问，不予回答或者含糊其词地敷衍。

当孩子察觉到自己的问题让父母感觉不耐烦的时候，孩子就会认为问问题是个错误的行为，会惹父母不高兴，久而久之，孩子就会失去提问的热情，甚至是压抑自己提问的冲动。最后，孩子的问题是少了，你的耳根也清静了，但是，与此同时，你也让孩子失去了宝贵的好奇心和求知欲。

所以，面对孩子的十万个为什么，父母要认真回答，或者引导孩子自己寻找答案，让孩子感觉到提问是一件愉人悦己的事情，是一个正面的行为。如此，孩子才会热衷提问、热衷思考，从而提高孩子的观察力、想象力以及创造力，遇到未知的事物，孩子才会主动去了解、去学习。

2. 让孩子体验成功，激发孩子对成功的渴望

任何人都渴望成功，孩子也一样。孩子对成功的渴望会促使孩子去努力提升自己的才能和技能，从而提高学习的效率。当孩子在学习中遇到困难时，我们应该鼓励他，让他勇敢面对；在他取得一定的成绩时，我们要给他赞美，让他体验到成功的喜悦。

3. 把孩子放在集体之中，与他人互相学习，激发学习内驱力

当一个人做一件事的时候，肯定没有多大的动力，而一群人在一起做一件事，就会有更大的推动作用。比如，现在很火的学习打卡群，一群人互相学习，互相激励，彼此影响，也能在很大程度上激发学习内驱力。

场景模拟

场景一

妈妈想要女儿学习舞蹈，于是给女儿报了一个舞蹈班。

刚开始，女儿很兴奋，也很喜欢跳舞，但久而久之，女儿的热情就消退了，因为练基本功不但枯燥乏味，还很辛苦。

这天练舞回来后，女儿跟妈妈说："妈妈，我不想学舞蹈了。"

妈妈："为什么不想学了啊？名都报了，钱也花了，你也辛苦跳了那么久，你现在不学了，那不是白白浪费了吗？"

女儿："我就是不想学了。"

妈妈："不想学也得学。"

女儿不得已继续学习舞蹈，但是回到家后从不练习，也不喜欢表演给妈妈看。

场景二

妈妈想要女儿学习舞蹈，她没有立即给女儿报舞蹈班，而是带女儿去逛街，看漂亮的裙子，她知道女儿特别爱美，最爱穿裙子。

果然，女儿看到漂亮的裙子就两眼放光，妈妈不失时机地说道："如果能穿上漂亮的裙子翩翩起舞，该多么漂亮啊。"

"是的，妈妈，我好想穿上它们跳舞，我想学跳舞。"

"可是，学舞蹈是一件很辛苦的事，你能吃下这份苦吗？"妈妈先打预防针。

"妈妈，我不怕吃苦。"女儿斩钉截铁地说。

于是，在女儿的再三要求下，妈妈给女儿报了一个舞蹈班，女儿也像她所说的那样不怕吃苦，坚持练习，并且热爱舞蹈。

值得思考

学习其实在很大程度上会让人充满成就感，让我们的情绪得到满足，它本身是让人身心愉悦的，但是为什么孩子会觉得学习很痛苦呢？归根究底是外部压力所导致的。长期处于压制中的孩子，内心会有这样一个公式：学习 = 被迫 = 痛苦。当内心的渴望与需求消失，孩子的内驱力就会跟着消失，又怎么会主动学习呢？

生活力：提高孩子的生活参与度

在竞争激烈的当今社会，我们会注重孩子各方面能力的培养，却往往会忽略一个最基本的问题，那就是孩子对生活的参与度。

“你只管学习，其他事不用操心。”这是很多父母喜欢对孩子说的一句话。很多父母为了让孩子专心学习，喜欢包办孩子的一切，恨不得吃饭都为其代劳。一般来说，孩子万事依赖的心理就是在这样无意识的情况下养成的。

个案回顾

有一位大姐，她是一个称职的家庭主妇，她的两个孩子相差不到两岁，自从生了孩子之后，她就辞去了工作，成了一名全职太太。

每天早上，大姐都会早早地做好早点，然后一遍又一遍地催促两个孩子起床，喊了大的喊小的，孩子好不容易起床了，她又忙着给大的找袜子，给小的找内裤，等两个孩子都穿戴整齐，她还要替他们挤牙膏，打洗脸水。总之，一大早她都在忙孩子的事，自己反而蓬头垢面。

这样的生活，大姐持续了十几年。即使孩子上高中了，她依然包揽孩子的一切，盯着孩子写作业，帮孩子检查作业，去复印店复印学习资料，送孩子去补习班……我建议大姐："孩子都上高中了，可以独立去补习班了。"大姐一口回绝："他们从来没有独自坐过公交和地铁，走丢了怎么办？"

现在，大姐的孩子上大学了，生活上的技能可以说为零，连泡面都不会煮。更加夸张的是，每次节假日回家，孩子都会背回两大箱子脏衣服。我很疑惑，难道他们不知道学校有自助洗衣机吗？

案例分析

很多父母在养育孩子的时候和这位大姐一样，可以说是包办一切，把自己当成孩子的专属仆人。但这些父母不知道的是，包办其实是一种剥夺，那些本应孩子做的事被父母做了，等于剥夺了孩子参与生活的权利。

孩子生活的权利被剥夺，孩子怎么能体会到价值感和归属感呢？体会不到这两种感受的孩子，自主能力会越来越差，离开父母就无法独立生存。除此之外，体味不到生活的酸甜苦辣，没有丰富的生活经验，孩子也会越来越没有创造力。

你没有看错，我们的勤奋、我们的精心付出、我们百分百的努力，不会让孩子更加优秀，相反会成为孩子走向独立的阻碍，让孩子在长大后缺乏融入现实社会的必要技能，无法面对现实世界的艰难。

现在试试这样做

孩子的生活能力是需要后天锻炼的，是需要时间付出的。父母有责任也有义务在孩子成长的各个阶段分步来培养孩子的自理能力，而不是等到发现孩子被养成一个“巨婴”的时候，才去责怪孩子是生活上的白痴。那么，我们要如何提高孩子的生活参与度，引导孩子积极地学习一些生活技能呢？

1. 尊重孩子的选择，少说否定孩子行为的话

很多孩子最开始是喜欢做一些事情的，但是父母为了更快速地解决问题，往往会选择为其代劳。当孩子要自己做事情的时候，很多父母喜欢这样说：“你太小，你还不会。”这无异于告诉孩子：“你只会让事情越来越糟糕，你什么都做不好。”

别说孩子，即使是大人，当你正在努力做一件事的时候，遭到别人的质疑、不耐烦，或者是敷衍的态度，你也会感到沮丧，甚至想要放弃。所以，不要再说这些否定孩子行为的话，请尊重孩子，耐心地等待孩子成长。

2. 不要发火，不要代劳，正确引导

假如你的孩子总是喜欢把房间弄得乱七八糟，还拒绝收拾，你会怎么办？大多数父母的第一反应可能是大发雷霆，然后一边教训孩子，一边帮孩子把房间重新收拾干净。冲孩子发火并不能真正地解决问题。那么，该怎么做呢？

首先，表达自己的情绪。温和地向孩子表示，你很不喜欢他的这个行为，他把房间弄得乱七八糟的让你的心情非常糟糕，他需要把自己的玩具重新收拾整齐。

其次，肯定孩子的感受。大多数孩子看到一屋的狼藉，都会被吓得抗拒整理。当孩子告诉你这个任务有点儿艰巨的时候，你绝不能说：“哪里困难了？这么小的房间，一会儿就收拾好了。你玩儿的时候咋没嫌困难？”不要否定他的感受，要肯定他的感受，并提出帮助，你可以这样说：“哦，是有点儿困难，那我帮你想想办法。”

最后，帮助孩子解决实际问题。一般来说，孩子看到一大堆活儿要做会感到焦虑，如果父母再对其施压，他会非常崩溃。所以，我们要学会给孩子拆分任务，降低难度。比如收拾房间的时候告诉孩子先从阅读角收拾起，把书收拾整齐了，再收拾沙发。把房间分成几块，难度降低了，孩子也就愿意做了。

3. 表达具体，让孩子真正明白该怎么做

给孩子布置任务的时候，一定要表达得具体明确，把你的期望说出来，避免孩子不知道如何做，或者是敷衍了事地做。

比如你让孩子洗碗，对孩子来说，洗碗就是把碗洗干净，但我们知道，洗碗不但要把碗筷洗干净，还要刷锅，洗锅盖，把菜板、菜刀收起来，擦灶台，最后把厨房地板上的水渍拖干净。所以，当你要求孩子洗碗的时候，你最好把详细的步骤告诉他。

很多父母往往只告诉孩子自己的期盼，却不愿意花一些时间教会孩子如何做才能达到自己的期盼。他们会因为孩子做家务太糟糕而生气，但是却没有明确地告诉孩子应该怎么做。为了不让父母闹心、孩子委屈，最好的方法就是花一些时间去训练孩子。

4. 言传不如身教，与孩子共同劳动

有的父母喜欢一味地指使孩子做家务，自己却懒得动，这样的训练不会起到任何积极正面的作用，反而会让孩子产生抵触情绪：

“凭什么您在那里舒服地坐着，我却要不停地干活？”

让孩子做家务旨在提高孩子的生活参与度，让他体验生活的艰辛，从而学会尊重父母的劳动成果，做个懂得感恩的孩子。要想让孩子积极主动地做家务，父母必须行动起来，带领孩子一起做家务。当父母和孩子共同做家务的时候，双方的效率都会有所提升，孩子也会更加积极主动地参与到做家务这个事情中。

场景模拟

场景一

爸爸照着说明书在给女儿组装新买的滑梯，琐碎复杂的零部件让爸爸头大。这时，女儿走过来，准备给爸爸帮忙。

女儿：“爸爸，需要我帮您吗？”

爸爸毫不犹豫地拒绝：“你就别来添乱了，爸爸这会儿烦着呢，你要是再把这些东西给我搞乱了，我可就没法组装了，你今天可就玩不成了。”

女儿：“来，爸爸，给您这个。”女儿不顾爸爸的拒绝，递给爸爸一个螺丝。

爸爸不耐烦地说道：“让你别来捣乱，你偏不听。”

看爸爸不领自己的情，女儿委屈地哭了起来，爸爸也没有心情组装了，只好把一堆烂摊子扔在那里。

场景二

爸爸照着说明书在给女儿组装新买的滑梯，琐碎复杂的零部件让爸爸头大。这时，女儿走过来，准备给爸爸帮忙。

女儿："爸爸，需要我帮您吗？"

爸爸："当然了，我正想找个帮手呢。"

女儿听了爸爸的话，高兴极了，一会儿帮爸爸扶滑梯，一会儿帮爸爸递螺丝，在父女俩的协作努力下，滑梯很快就装好了。

在整个过程中，女儿没有给爸爸添过一点儿麻烦，反而因为爸爸的肯定而高兴，乖巧地听从爸爸的调遣。

值得思考

世界著名的慈善工作者特蕾莎修女曾说过这样一句话："世界上最大的贫穷，是不被需要和没有爱。"每个人都有实现自我价值的需要，孩子也一样。只是孩子实现自我的方式比大人简单得多，比如洗一只碗，收拾一次垃圾，给爸爸拿拖鞋，给妈妈端杯水，甚至是伸手按一次电梯，都能让他们体会到自己的价值感。假如生活完全不需要孩子参与，孩子还能从哪里得到价值感呢？

决策力：让孩子学会主动解决问题

很多人觉得孩子太有主意不利于管教，甚至武断地认为有主意的孩子不听话。在日常生活中，我们的教育目标也通常是如何让孩子更加乖巧听话。事实上，太听大人的话，事事让大人拿主意的孩子，都缺乏自主力。

在孩子成长的过程中，我们应该尊重孩子的意愿，把他当成一个与我们平等的人，让他有自己的看法、自己的认识，并多给孩子创造拿主意的机会，如此才能培养孩子的决策力。

小 个案回顾

朋友陪女儿在游乐场玩耍，还没玩多久，女儿就过来跟她说道："妈妈，那个姐姐抢走了我的玩具。"朋友随口说道："如果你还想玩，你应该告诉她需要排队。"女儿噘着嘴，很不高兴地说道："可是我不敢。"朋友说道："这次你就让姐姐玩，下次再遇到相同的情况，你就这样跟她说。"那一天，女儿的情绪都不是很高。

后来，女儿遇到问题的时候习惯性地要妈妈帮忙解决，比如说帮她开口寻找玩伴，捉迷藏的时候帮她寻找地方……最开始，朋友都无条件地答应女儿的要求，帮助她解决一切问题。渐渐地，朋友对女儿的帮助已经在不经意间干涉并阻碍了她的成长。朋友开始反省自己的行为，并找到了症结所在。

后来，女儿再次寻求帮助的时候，朋友不再直接向女儿提供建议，而是反问女儿："对于这件事，你有什么办法？你打算如何做？"当女儿说出她的看法之后，再和女儿一起讨论，最后选择一个最佳的方法。

经过一段时间的培养，女儿慢慢地脱离了对父母的依赖。其实很多时候，没有父母的帮助，女儿自己也能很好地解决自己的难题。并且，拥有了独自解决问题的能力之后，女儿变得更加阳光自信了。

案例分析

父母能够全身心地陪伴孩子，及时地为孩子提供帮助是一件好事。但是，在孩子遇见问题的时候，我们毫无原则地为其提供帮助，就会给孩子一种暗示：我在父母的眼里不够聪明、不够能干，不能靠自己的力量解决难题。这会让孩子越来越怯懦，不敢独自解决问题，最终养成逃避问题的习惯。

在成长的过程中，父母要给孩子一定的帮助，但是也要把握好分寸，必须明确孩子在哪些方面需要帮助，父母给予多少帮助合适。一般来说，我们应该遵循的原则是不能干扰孩子的成长，多给孩子创造一些自主选择的机会，有意识地去培养孩子做决定的能力，让孩子成为一个具有决策能力、辨别是非能力及有能力解决问题的人。

现在试试这样做

如果我们希望孩子能承担起创造美好世界的责任，那我们首先应该赋予他们责任。那么，我们要如何培养孩子的决策力，让孩子学会主动去承担责任，解决问题呢？

1. 帮助孩子清晰地描述自己的问题，让孩子意识到自己需要解决的问题是什么

当孩子寻求帮助的时候，我们不要急于帮助孩子解决问题，首先我们要做的是引导孩子正确清晰地描述自己需要解决的问题。

这一步非常重要，描述自身所遇到的难题，不单单是训练孩子的沟通能力，更是对问题的进一步梳理。往往在详细描述问题的时候，孩子对这个问题的看法会更加清晰，也很有可能自己就找到了解决问题的方法。

在这个过程中，我们最好不要打断孩子的思路，也不要过多评价。当孩子描述困难的时候，我们可以适当提醒，帮助孩子正确表达，也可以引导孩子去思考问题，比如："这个问题解决了，还有其他问题吗？""这几个问题中，你想先解决哪个？"这样能够帮助孩子梳理出问题的轻重缓急。

2. 不直接提供建议，引导孩子主动思考解决问题的方法

协助孩子描述完自己所遇的难题之后，父母需要引导孩子自己去思考解决问题的方法，比如"你想到解决问题的方法了吗"或者是"你打算怎么做"，不要直接告诉孩子解决事情的办法和途径，否则，孩子就会习得性无助。

孩子的生活经验毕竟不足，有时候他想的办法并不能很好地解决问题，这个时候，父母不要去评价这个方法的优劣，你需要做的是进一步启发孩子。比如："除了这个办法，你想一想还有其他更好的办法吗？""这个事情你一个人能完成吗？你需要我帮你做什么？"我们要让孩子开动脑筋，尽可能多想办法。

记住，即使孩子不能想出解决问题的好办法，我们也要让孩子经历自己动脑子想办法的过程，先让孩子自己提出一些解决问题的方法。

3. 与孩子共同讨论，选出最佳方案

孩子提出解决问题的方法之后，父母不要直接帮孩子做出最优选择，可以帮孩子列一个清单，然后和孩子一起讨论每个方法的优劣以及可行性，最后让孩子自己做决策。

4. 鼓励孩子尝试自己的解决方案，并引导孩子总结解决问题的经验

当孩子选出最佳方案之后，父母需要鼓励孩子根据自己的选择去大胆尝试。在这个过程中，如果孩子没有主动寻求帮助，父母尽量不要去干扰孩子，让孩子独立尝试。当孩子解决完问题之后，父母需要引导孩子总结解决问题的经验，比如："你觉得哪个地方你还能做得更好？下次怎样做才能更有效率？"

孩子经历了独自处理问题的过程之后，就会知道这个方法是否有效，处理过程中有什么困难。经过父母的提示，他会总结出一套更好的解决问题的方法，当下一次遇到这个问题时，他自然知道该如何应对。

场景模拟

场景一

孩子洗漱完毕，躺在床上，要求妈妈陪她聊聊天。

孩子："妈妈，多多（她最好的朋友）说她不跟我玩儿了。"

妈妈："为什么啊？"

孩子："我也不知道为什么，她就说不跟我玩儿了。"

妈妈："不玩儿就不玩儿了呗，你可以找其他朋友玩儿。"

孩子："可是，她是我的好朋友。"

妈妈："那你明天去问问她为什么不跟你玩儿。"

孩子："好吧。"

孩子叹了口气，心事重重地睡觉了。

场景二

孩子洗漱完毕，躺在床上，要求妈妈陪她聊聊天。

孩子："妈妈，多多（她最好的朋友）说她不跟我玩儿了。"

妈妈："是吗？那你一定很难过。你打算怎么办？"

孩子："我想明天去问问多多，我是不是做错了什么惹她不开心了。"

妈妈："嗯，妈妈支持你主动去挽回一段友谊。"

孩子："可是妈妈，如果明天我主动示好，多多还是不跟我玩儿怎么办？"

妈妈："宝贝，被拒绝是一件很正常的事，很多时候我们即使很努力地去做一件事，结果依然不尽如人意。但是，你努力过了就不会后悔呀。假如明天你主动示好后，多多依然不想跟你玩儿，也并不是因为你不讨人喜欢，或者是你很差。自信一点儿，主动一点儿，笑容多一点儿，我相信你会收获新的友谊。”

孩子：“知道了，妈妈。”

孩子再也不为可能会失去朋友这件事担忧了，安心地进入了梦乡。

值得思考

对孩子真正的爱不是帮助孩子挡住外面的一切风雨，而是教给他们面对风雨怎么做。只有让他们具备独立生活、自我保护的能力，才能在之后的人生道路中，不管遇到什么样的难题，都能想办法去解决。所以，在家庭教育中，我们最好不要充当孩子的救世主，而是要多鼓励孩子去直面问题，大胆尝试，你会发现，孩子比你想象的有力量。

抗挫力：轻松应对孩子的畏难情绪

孩子之所以出现畏难情绪，原因有很多，有可能是因为自身能力不足，还有一部分原因是对父母的依赖……不管是出于何种原因，最关键的一点是，我们不要习惯性地替孩子解决问题。当孩子发现身边总是有人帮助他解决问题时，孩子就会不愿自己付出行动，遇到困难就退缩，或者是寻求帮助。

所以，当孩子遇到困难的时候，父母不要直接告诉孩子怎么做，而要引导孩子自己思考，给予孩子更多独立解决问题的机会。当孩子一次次独立完成任务，他靠自己解决问题的能力也会逐渐增强，就更有信心去挑战高难度的事情。

个案回顾

春节的时候，爸爸给女儿洁洁买了一套迪士尼公主系列乐高，是她最喜欢的冰雪奇缘魔法城堡。女儿刚拿到礼物的时候非常开心，嚷嚷着要马上将城堡拼出来，但是真正开始拼的时候，她才发现太难了，那么多零件，看得她头大，拼装手册也看不懂。于是，她颓丧地将乐高一推，说道：“爸爸，太难了，我根本不会拼。”

洁洁爸爸看了看拼装手册，说道："想要快速拼好这个城堡对你来说的确很难，但是如果你想挑战一下，一定能拼好，只是需要多花一点儿时间。要不要爸爸帮你想想办法？"

"好的，爸爸。"女儿又变得积极起来了。

"爸爸先教你把零件进行分类整理，好不好？"

女儿点头同意。于是洁洁爸爸教女儿把相同和相近的零件包放在一起，并找来两个盒子，一个装大零件包，一个装小零件包。

将零件进行分类整理后，再教女儿认真阅读拼装手册，拿着零件对照手册，先熟悉名称和每个零件的作用。

在正式拼装之前，洁洁爸爸对女儿说道："宝贝，这个城堡即使爸爸拼装好也要花好几天的时间。所以，在拼之前，你最好做一个计划，你准备用几天时间把它拼装好？"

女儿想了想，说道："三天，我想早点儿把它拼装好。"

"嗯，只要你有足够的耐心，三天时间肯定能拼装好。宝贝，你看，这个城堡有上下两层，还有一个广场，那么，今天我们就先把广场拼装好，明天拼装城堡的第一层，后天拼装城堡的第二层，好不好？"

"好的，爸爸。"

女儿爽快地答应了，然后信心十足地开始拼装起来。

由于之前做过分类，也熟悉那些配件，女儿照着拼装手册很快就将广场拼好了。接下来的两天，女儿在拼装城堡的时候也遇到了难题，但是她没有因为困难而放弃。经过三天的努力，她终于将城堡拼装好了，看到自己亲手拼好的城堡，女儿开心极了。

案例分析

有些事也许在你看来根本不值一提，但对孩子来说，却是难题。你首先要理解、认同孩子的感受，用同理心与孩子交流，但不应代替孩子解决困难，而应该鼓励孩子，让孩子直面困难，必要的时候为孩子出谋划策，帮助他战胜困难。

在这个案例中，对于一个孩子来说，将这个复杂的城堡拼装完成的确很难。所以，当女儿对爸爸说“太难了”的时候，爸爸完全尊重女儿的发展规律，肯定她的感受。接着爸爸开始鼓励孩子挑战困难，并为孩子提供了帮助，帮助孩子降低难度，在很大程度上疏导了孩子的畏难情绪，最终孩子完成了挑战。

现在试试这样做

孩子在成长的过程中，会遇到很多困难和挫折。畏难是人的天性，遇到困难，很多大人都有逃避、退缩的想法，更何况孩子。畏难会让孩子害怕承担责任、害怕失败、输不起、不敢尝试新事物……假如孩子在困难面前止步，那么，他就无法体验成功。你要教给孩子抗挫技能，让孩子拥有强大的内心，战胜自己的畏难情绪。

1. 帮助孩子疏导畏难情绪

孩子出现畏难情绪特别正常，关键在于父母如何去疏导。当孩子说“不能做……”的时候，父母一定要耐心地询问孩子：“为什么不能做？”这有助于了解孩子遇到困难时内心的真正想法，从而有针对性地提出指导，这对解决问题非常重要。当孩子说他能完成一件事的时候，父母可以适时追问“你打算怎么解决”，从而了解孩子是否真的有解决问题的能力。

遇到难题时，首先要让孩子明确我们面临的问题："我们在做这件事的时候，出现了什么问题？"然后引导孩子开拓思路，寻求方法："我们都有哪些解决问题的方法？"并且告诉孩子，只要找出问题的根源，搞清楚"哪里出现了问题"，再去找策略，所有难题都会迎刃而解。在找策略的过程中，孩子的知识和能力都会得到很大的提高。

另外，在引导的过程中，父母要多用"我们"这个词，让孩子从心里感到自己不是孤军作战，如此，他的畏难情绪就会得到很大的缓解。

2. 引导孩子关注过程，而非结果

当孩子遇到他觉得很困难的事情之后，因为害怕失败，他会选择退缩，以免给人留下失败者的印象。当孩子选择去做一件事，结果失败了，他有可能会输不起，用撒泼耍赖的方式试图改变结果，维护自己的形象。

你需要让孩子明白，努力的过程比结果更重要。引导孩子关注做事的过程，享受过程，强化过程，弱化结果，慢慢地，孩子就会不再惧怕失败。

比如，当孩子玩游戏输了，父母可以这样引导孩子："玩游戏的时候，你是不是很开心呢？在这个过程中，我们的心情是愉悦的，这就是游戏的意义，赢只是锦上添花，没那么重要。"当孩子参加比赛，没有拿到奖项时，你可以鼓励孩子说："你的创意很棒，我看得出来，你很享受创作的过程，这就足够了。"

当孩子失败之后，你可以尝试着把"你失败了"换成"你努力了”，这对孩子来说无疑是最大的安慰，会在很大程度上影响他对输赢的看法。

3. 失败了也没关系，我永远爱你

没有人喜欢失败，孩子更是如此。每个人在做一件事之前，都对结果充满了期待。孩子之所以害怕输，是因为他对自己抱有很大的期待，希望自己能够战胜别人，取得好成绩，从而取得他人的认可，尤其是来自父母的肯定。

所以，要想让孩子勇于挑战，不惧失败，就要让孩子明白，失败是一件很酷的事，因为只有勇于挑战的人，才有机会体验失败。告诉孩子：“输了也没关系，你永远是我的骄傲。不管你是否优秀，我依然爱你。”

场景模拟

场景一

为了锻炼孩子的数学思维和专注力，爸爸决定教孩子学围棋。孩子刚开始很喜欢，但是下了一会儿就觉得太难了，于是不想玩儿了。

孩子：“爸爸，我不会下，不想玩儿了。”

爸爸：“这有什么难的啊？不就是想办法把对方围住吗？对方的棋子被围住你就可以吃掉了，很简单啊。你这孩子遇到困难就知道放弃，你就不知道挑战一下吗？”

听完爸爸的话，孩子一脸不高兴，还生气地把棋盘掀翻在地，棋子撒了一地。

场景二

为了锻炼孩子的数学思维和专注力，爸爸决定教孩子学围棋。孩子刚开始很喜欢，但是下了一会儿就觉得太难了，于是不想玩儿了。

孩子："爸爸，我不会下，不想玩儿了。"

爸爸："刚开始的确很难。今天我们就练习一下怎么拿棋子，熟悉一下基本规则，好不好？"

孩子："拿棋子还需要练习吗？"

爸爸："当然需要啊。你看，像这样，两个手指将棋子夹起来，然后放到棋盘上。"

孩子："是这样吗？爸爸，您看，我夹起来了。"

爸爸："哇，太棒了，你夹棋子的手法很娴熟，很难想象你是第一次练习。"

孩子听了爸爸的夸奖，更加认真地练习拿棋子，就这样，孩子专注认真地跟爸爸玩儿了两个小时的围棋。

值得思考

抗挫力是人生路上最重要的能力，这关系到孩子在之后的人生旅途中面对逆境时的处理方式。抗挫力强的孩子，在面对困难的时候，能很快找出解决问题的方式，保护自己免受困难与挫折的侵蚀。你的孩子拥有很强的抗挫力吗？如果没有，你需要怎样改变自己的说话方式，鼓励孩子不惧挫折呢？

第五章

性格塑造：可贵品格是坚实的“人生基座”

「导语」 关键词：品格 + 修养

每个孩子都有自己的特殊品格，有的孩子自信勇敢、热情奔放，而有的孩子沉稳内敛、羞于表达，这都是性格使然。

当然，孩子的性格除了天性之外，大部分都是后天养育的结果。要想孩子从小就有良好的品格，父母除了多关心、多鼓励、多指导孩子外，最重要的还是言传身教。父母是孩子最亲密的人，也是孩子的第一任老师，父母的一言一行都在潜移默化地影响着孩子。

所以，如果你想要孩子自信，你就必须自信，当孩子看到你在众人面前侃侃而谈，散发出自信的光芒，孩子的内心也会渴望成为你这样的人；如果你希望孩子勇敢，那么你就不能怯懦，让孩子目睹你无所畏惧地走出舒适区，孩子也会想要你身上的这种能量；如果你希望孩子诚实守信，那么你就不要对他说谎；如果你希望孩子善良有爱，那么就让自己先变得温暖起来……

苏联教育家苏霍姆林斯基说：“每个瞬间，你看到孩子，也就看到了自己；你教育孩子，也就是教育自己，并检验自己的人格。”一定不要忽视榜样的力量，加强自身的修养，给孩子树立一个学习的好榜样，让孩子从小建立正确的价值观，成为一个人格健全、品格高贵的人。

自信：让孩子更自信的语言魔法

1968年，美国心理学家罗森塔尔做了一个智力测验，结果表明，教师对学生的期望会传递给被期望的学生并产生鼓励效应，使其朝着教师期望的方向变化。罗森塔尔把这一现象称作“皮格马利翁效应”。

皮格马利翁效应提醒我们，摧毁一个孩子的自信非常简单，那就是不停地否定他，让他产生自我怀疑，最终，他将会变成他想象中的样子。的确，一个人的自我肯定对其一生的发展都非常重要，无论是智力、体力，还是在做事情的能力上，自我肯定都起着举足轻重的作用。

生活中，很多父母有意识无意识地数落孩子，不分场合，不分时间。比如，朋友来家里拜访，你看到被孩子弄得乱糟糟的家，于是当着朋友的面开始数落孩子邋里邋遢、乱扔物品、做事拖沓；在外面碰见熟人，你让孩子打招呼，孩子害羞地躲在你的身后，于是你开始数落孩子胆小内向、没有出息、不懂礼貌。

如果父母天天将孩子的这些缺点挂在嘴边，孩子会真的以为自己一文不值，从而变得自卑消极。

个案回顾

“妈妈，我不想上学。”儿子冉冉怯懦地说道。

听了冉冉的话，妈妈非常生气，恨铁不成钢地说：“你说你不想上学？我怎么生了你这么个没用的儿子。”

“我就是一个没用的孩子，我总是将事情搞砸，我是班上最笨的学生，小朋友们都会的舞蹈动作我怎么也学不会，唱歌也总是忘记歌词。老师常常批评我，其他同学也嘲笑我，妈妈您也说我没用，我就是没用，我讨厌上学，我也讨厌学校。”冉冉崩溃地大哭起来。

为什么冉冉会变得这样自卑呢？这跟他妈妈有很大的关系。

冉冉的爸爸常年出差，一年待在家的时间屈指可数，妈妈一个人在家照顾他。妈妈把他送进幼儿园之后，又急急忙忙地去上班，常常迟到，不但遭到领导的批评，还因此评不上优秀员工。心情不好的妈妈对冉冉经常没有好脸色，不是说他笨，就是指责他这儿不好，那儿不对，稍微做一点儿错事就会挨一顿板子。渐渐地，冉冉的心理状态就出现了问题，小小年纪就形成了自卑心理。

案例分析

心理学家在研究调查中发现，大约有75%的孩子有自卑心理，而且这些孩子之所以会自卑，很大一部分来自家庭的影响。可以这样说，孩子是自信还是自卑，取决于父母平日里对孩子的评价是正面的还是负面的。

言语上的打击和贬低会让孩子失去前进的动力，会让他的表现向着越来越糟糕的方向发展。因此，父母要对孩子有足够的鼓励和信心，这样孩子自己也会充满信心。

现在试试这样做

只有鼓励和正向引导才会帮助孩子建立自信，孩子感觉良好，他们才愿意构建更好的自我。而这会带来正向反馈，在不断强化中，孩子就会越来越好。那么，让孩子摆脱自卑、建立自信的语言魔法是什么呢？

1. 任何时候都不要揭孩子的短，要懂得尊重孩子

被尊重是人与生俱来的、最本能的需求，孩子也不例外。不揭孩子的短，不宣扬孩子的糗事，不当众批评孩子，是对孩子最基本的尊重。

比如孩子尿床了，这对孩子来说是非常难为情的事，父母如果把这件事当笑话说与人听，也会伤害孩子的自尊。孩子的自尊心受到伤害，心理负担就会变大，在这种焦虑下，孩子更加不能自如地控制自己的行为，很可能会再一次尿床。时间久了，孩子就会为自己的行为而感到羞耻，从而形成自卑心理。

2. 让孩子体验成功，学会自我肯定

孩子对自我能力的信心，除了来自他人的良好评价外，更重要的是来自孩子的自我肯定。别人给予的鼓励再多，得不到自我肯定也是不行的。所以，父母在日常生活中要创造机会让孩子获得成功，从而加强孩子的自我肯定。

比如，给孩子安排一些任务，并协助孩子去完成，孩子在做任务的过程中，假如取得了意想不到的成果或者发现了新的结果，孩子的内心就会对自己的能力产生一些满足感，从而产生自信心。这个时候，父母如果能及时地给予鼓励，就会强化孩子的这种自我肯定。你还可以教孩子学会自我鼓励，当孩子遇到困难开始踌躇、畏缩时，你不妨鼓励他自己为自己鼓劲儿：“没关系的，你只要再努力一次，一定会做好的。”

场景模拟

场景一

期末考试，孩子取得了班级前三的好成绩，兴高采烈地跟妈妈分享这个好消息。

女儿：“妈妈，这次期末考试我超常发挥，考了班级前三呢！”

妈妈：“才考班级第三名，有什么好得意的，全年级都排几十名去了吧，你的成绩之所以忽上忽下，就是因为容易自满。”

女儿：“妈妈，这次我的进步已经很大了，提高了好几个名次呢！而且，这都是我努力的结果，您看，最近我起得多早，睡得多晚。”

妈妈：“就凭你这自满的态度，将来也没多大出息。你看隔壁媛媛，人家上的是重点中学的重点班级，每次考试排名都在年级前十名，人家还不满意，给自己定了进入全年级前五的目标，这才叫有志气。”

女儿：“我怎么做都得不到您的肯定，妈妈，您为什么总是看不见我的努力？”

女儿说完，生气地回到了自己的房间，关起门来。

场景二

期末考试，孩子取得了班级前三的好成绩，兴高采烈地跟妈妈分享这个好消息。

女儿：“妈妈，这次期末考试我超常发挥，考了班级前三呢！”

妈妈：“你进步真的很大哦，看来最近这段时间你的努力没有白费，妈妈希望你能继续努力。”

女儿：“好的，妈妈，我争取下次能取得更大的进步。”

妈妈：“嗯，你能努力上进，妈妈非常欣慰。不管你排多少名，你永远是妈妈的骄傲，妈妈永远爱你。”

女儿：“妈妈，我也爱您。”

女儿说完，向妈妈比了一个加油的手势，然后斗志昂扬地准备开始下一阶段的奋斗。

值得思考

自信乐观的孩子，拥有自己独立的思考和想法，主动性和自主能力都比较强，勇于尝试任何事情，不害怕失败，敢于表达自己的想法，面对再多的人也不胆怯，任何时候看起来都信心十足。在未来的工作和生活中，这样的孩子也更容易获得成功。

勇敢：赋予孩子勇敢的力量

不可否认，一个人要想取得卓越不凡的成绩，自信和勇气永远都是必不可少的条件。所以，很多父母在日常生活中，都会有意识地锻炼孩子这方面的水平，但正因为我们太过强化这方面的影响，在引导孩子的时候往往会进入误区，一味地强迫孩子勇敢，以致出现适得其反的不良效果。

个案回顾

暑假，大学的室友带着孩子来我所在的城市玩耍，我带着女儿赴约。室友的孩子叫小月，是个文文静静的小姑娘，与我女儿年纪相仿。

吃饭期间，室友各种询问我女儿的教育情况，如会背什么诗，会唱什么歌，我都一一作答。

用餐结束后，室友兴致勃勃地对小月说道："来，小月，过来给叔叔背一首诗。"小月看了我一眼，羞涩地低下头，就是不开口。

"小月，你愿意背诗给叔叔听吗？叔叔喜欢听别人背诗。"我露出了微笑，对小月说道。

小月张了张口，却支支吾吾一个字都说不出来。我知道小月肯定会背很多诗，只是面对陌生人，小月有点儿怯场，不愿意在陌生人面前表演。于是我摸着小月的头说道：“叔叔知道你会背，只是你现在不愿意背，没关系，你可以拒绝叔叔的要求，下次再见到叔叔，你再背给叔叔听，好吗？”

“好！”小月如获大赦。

令人没有想到的是，室友却跟女儿较上了劲：“小月，爸爸对你太失望了，叫你背首诗你都不敢。我看你啊，就是个除了玩其他什么都不会的胆小鬼。”

小月小声地说道：“我会！”

“你会，那你怎么一个字都说不出来？”室友反问道。

“我家孩子也一样，平日里背得再好，你让她给别人表演，她就别扭，什么都说不出来了。”我赶紧打圆场。

“孩子就要不怯场才可以，一个人再有才华，一到台上就胆小、紧张怎么能行？在家表演给谁看啊？”室友继续发表自己的观点。

室友的话深深地伤害了小月的心，为了证明自己不是什么都不会的胆小鬼，小月用颤抖的声音一字一顿地给我背了一首《游子吟》。

小月背完，我赶紧拍手鼓掌，我女儿也跟着拍手叫好，室友这才眉开眼笑起来。

但是，我完全看不出小月内心的成就感，虽然她一字不差地将诗背了出来，但是她没有自我满足感，而是满满的屈辱感。

案例分析

室友的本意是想让孩子不怯场，让孩子变得勇敢，但是在这咄咄逼人的激将法下，孩子最终虽然开口了，但是这种强求的表演并没有什么意义。其实，相对于看到孩子精彩的表演来说，我更希望从小月嘴里听到坚定的“不”字，没错，我希望那个孩子能够坚定不移地拒绝我。勇敢说“不”，才是真正的勇敢。

一个没有勇气说“不”的孩子，长大后很容易变成一个胆小、没有主见的人。说“不”是一个很有价值的人生技能。只有懂得拒绝的人，才有为自己划定界限的能力：在面对一些选择的时候，才会勇敢地去选择自己真正想要的；在遭受到别人侵犯的时候，才能有保护自己的能力。

生活中，很多父母觉得孩子胆小的原因仅仅是孩子不愿意打招呼，不敢在公共场合表演，事实上，孩子不喜欢表演，不爱打招呼，不跟人交流，有时候并不是真的胆小，而是对这个陌生的环境还没有放下戒备。父母只要多给孩子创造一些跟他人打交道的机会，当孩子接收到来自这个环境的善意，他就会自然而然地放下戒备，融进这个环境。

现在试试这样做

我们当然希望自己是一个盖世英雄，能够给孩子一辈子的保护。但是，我们都非常清楚地知道，人生这条路上，总有一天孩子会独行，在这之前，我们必须让孩子脱离我们的保护，鼓励他们去探索、去冒险、去勇敢尝试，并从这些事情中获取经验，为抗击未来的风雨做准备。那么，我们要怎样做，才能赋予孩子勇敢的力量，帮助他成长为一个独立的、勇敢的、富有责任心的人呢？

1. 鼓励孩子大胆地表达自己

胆小懦弱的人不但无法与他人正常地交流，在工作中也难以展示自己真正的实力。在漫长的人生旅途中，人不仅需要用勇敢的精神去克服各种困难，更要靠勇敢的精神去争取成功。

一个内心坚实、勇敢的孩子，在语言和行为上，一定是坦然无畏的。让孩子养成敢说敢做、坦然表达的习惯，是打败怯懦的第一步。想要什么就大声地说出来，不想做的事，就坚定地说“不”。告诉孩子，不要取悦任何人，不要唯唯诺诺、人云亦云，任何时候，都要勇敢地做自己。

2. 不要嘲笑、恐吓孩子

有些孩子并不是天生胆小，之所以变得胆小是由于后天的影响，比如说父母经常吓唬孩子。我常常听到父母为了让孩子听话，就吓唬孩子：“不要再哭了，再哭我就找医生在你屁股上打一针。”或者说：“警察喜欢抓不听话的孩子，你再淘气，我让警察把你抓走！”要么是：“作业完成不了，我告诉老师，明天让你罚站。”这就是一般孩子都怕医生、警察、老师的原因。父母的这些语言，都是在暗示医生、警察、老师都是非常可怕的，这无疑是给孩子的内心增加了使他胆怯的因素。

还有的父母喜欢嘲笑孩子，当孩子失败或者出糗之后，如果遭受到嘲笑，孩子就会对这件事产生阴影，并且害怕面临相同的境遇。比如孩子因为英语发音不标准而遭受嘲笑，那么他就很可能再也不好意思开口讲英语。

所以，任何时候都不要恐吓、嘲笑孩子，不要跟孩子开类似的玩笑，这样的玩笑一点儿都不好笑，反而会让孩子更加胆小怯懦。

场景模拟

场景一

一个小女孩正在室内游乐场，她的妈妈在一边看护。突然，一个比女孩稍微大一点儿的男孩将女孩手里的玩具抢走了。

妈妈："你怎么随便让人家把玩具拿走？"

女儿："我没注意，哥哥就抢走了。"

妈妈："这是公共场所，所有玩具都是谁先拿到谁先玩，他没有征得你的同意，就随便拿走你的玩具，赶紧去要回来！"

女儿："妈妈，我不敢。"

妈妈："怕什么怕，勇敢一点儿！"

小女孩低着头，一动不动地站在那里，双手来回捏着一块积木。

妈妈："瞧你那点儿出息，真没用。"

场景二

一位妈妈带女儿去逛商场，女儿看到一个珠宝店正在派发气球，她拉住了妈妈的衣襟，眼睛充满渴望地盯着气球。

"你想要这个气球，是吗？"妈妈低声询问女儿。女儿点了点头。

"那你去问阿姨要一只吧。"妈妈鼓励女儿自己去要。

"妈妈，我不敢。"女儿小声地说。

“那妈妈陪你去，好吗？”

妈妈领着女儿走到那个店员面前，示意女儿自己开口。女儿终于勇敢地开口了，她用细若蚊蝇的声音说：“阿姨，能给我一只气球吗？”

那个店员亲切地摸了摸女儿的头，说道：“当然可以啊。”然后女儿自己挑了一个粉色的气球，那是她最喜欢的颜色。

这件事以后，女儿似乎感受到了这个世界的善意，慢慢地放下了戒备，再也不怕跟他人交流了，自己无论有什么想法，都会勇敢地表达出来。

值得思考

孩子的成长也是一个“升级打怪”的过程，他们必须要面对各种难以应付的挑战，会遇到各种各样的人。只有内心有力量的孩子，才会坦然接受生活的考验，才不会惧怕任何挑战。所以，作为父母，请一定要找到培养孩子勇气的方法，赋予孩子勇敢的力量，让孩子即使离开父母的保护，也能安全、独立、健康地在这个社会上生存下去。

诚实：不说谎是一个人最可贵的品质

相关研究表明：2 岁的孩子，有 30% 会说谎；3 岁的孩子，有 50% 说谎；4 岁的孩子，说谎的比率上升到了 80%；到了 12 岁，孩子说谎的能力会达到巅峰。

孩子为什么会说谎?

首先，可能是为了满足自己的虚荣心或者是达到某个愿望。比如，明明在学校没有得到表扬，回来却说自己得到了表扬，或者是为了逃避上学说自己不舒服。

其次，是为了逃避责任。假如父母太过严厉，孩子在犯错之后很可能就会编造一些谎言，以此推脱自己的责任。比如，明明是自己将花瓶打碎的，却说是妹妹打碎的。

最后，是由于父母喜欢说谎。我们常常教导孩子要讲诚信，但是大多数时候，我们最容易在孩子面前食言，很多父母都有言而无信、哄骗孩子的行为。比如，明明答应第二天带孩子出去玩，但是到了第二天，实在不想起床，于是就跟孩子推托道："我今天有点儿累，明天吧！"

"明日复明日，明日何其多。"我们总是随便地就把承诺变成随口说说。我们拒不履行自己的承诺，还怎么要求孩子做一个讲诚信的人？

个案回顾

有一天，女儿从学校回家，手里把玩着一个玻璃做的宝石。

“宝贝，你手上的宝石从哪儿来的？”因为家里没有这样的玩具，所以我问道。

“老师奖励给我的。”女儿随口回答道。

我知道，女儿说谎了。因为那颗宝石棱角分明，虽然不会割到手，但是如果吞进肚子里却是一件非常危险的事，老师绝对不会奖励孩子这种有危险隐患的东西。于是我蹲下来，盯着女儿的眼睛说道：“你确定这颗宝石是老师奖励你的？小朋友可不能说谎哦！”

“小朋友不可以说谎，那大人可以说谎吗？”女儿没有回答我的问题，反而问了我一个问题。

“当然不可以。诚实是一个人最可贵的品质，不管是小孩还是大人，都不可以说谎。”我回答道。

“那妈妈为什么会说谎？”女儿噘着嘴说道。

“是吗？妈妈什么时候说谎了，说给爸爸听听。”我追根究底。

“上个星期天，妈妈告诉我那天要上学，其实那天是放假。”女儿气呼呼地说。

我瞬间明白女儿说的是什么。每次周末放假的时候，女儿都会起得非常早，然后吵着要妈妈带她出去玩，而妈妈好不容易熬到休假，当然想多睡一会儿，所以头天晚上，妈妈骗女儿说第二天要上学，因为上学的时候，女儿的生物钟反而没那么准时。

“哦，那她真的撒谎了，你要告诉她这种行为是不对的，也可以要求她跟你道歉。”我认真地告诉她。

“好的，等妈妈下班回家，我就让她跟我道歉。”女儿有点儿得意，有种抓到妈妈“小辫子”的窃喜。

“可以。但是现在，你要诚实地告诉我，宝石究竟是谁给你的。”我绕回正题。

“爸爸，对不起，我说谎了。宝石是汐然给我的。”女儿主动跟我道歉，并且告诉我宝石是好朋友汐然给的。

“好朋友给的，为什么要说谎呢？”我继续问道。

“因为我怕您说我随便接受别人的礼物。”女儿的声音小若蚊蝇。

“宝贝，好朋友之间互相赠送东西是很正常的一件事，爸爸不会因此而责怪你。但是，你需要诚实地告诉爸爸这件事，因为礼尚往来也是一种品德，你只有诚实地告诉我这件事，爸爸才可以帮你挑一件礼物回赠给汐然啊。”我温声说道。

“知道了，我下次再也不说谎了。”女儿诚恳地说道。

案例分析

在这件事中，女儿之所以说谎，有两个原因。

第一，她知道随便接受别人的礼物是不对的，而且是一件对于小孩来说有点儿危险的礼物。所以，为了逃避责罚，不承担责任，她选择了说谎。

第二，妈妈曾在她面前说过谎，所以她并不认为说谎是一个错误的行为。

当我发现女儿说谎之后，并没有急于戳穿她，也没有严厉地指责她。因为说谎是每个孩子在成长过程中都会犯的错误，关键是看父母如何去引导孩子。相比戳穿孩子的谎言，我们更应该接纳孩子的错误，理解孩子，让孩子明白诚实是一件多么重要的事。

也许很多父母都曾跟案例中的妈妈一样不以为意，认为哄孩子只是权宜之计，不必当真。而事实上，教育孩子无小事，任何细节都要谨慎对待。明智的父母在孩子面前会处处以身作则，以培养他们良好的道德品质。

现在试试这样做

犯错并不可怕，而说谎就关系一个人的道德品质问题了，所以，父母要从根源上扼制这种问题的产生。

1. 育人先育己，父母自身先做到诚实，不说谎

现在的父母，都比较重视孩子的教育，但是除了让孩子获得知识之外，我们还要注重培养孩子的道德品质。想要让孩子不说谎，父母首先要做个诚实的人。这就要求我们在日常生活中做一个讲信用的人，如果父母总是给孩子开空头支票，孩子也很难成为一个讲信用的人，所以，任何时候都不要“哄”孩子，答应孩子的事，请务必做到。

2. 了解真相，不要随便给孩子贴“撒谎精”的标签

很多父母视谎言为洪水猛兽，生怕孩子谎话连篇、道德败坏，所以，只要一发现孩子有说谎的苗头，就给孩子贴上“撒谎精”“不诚实”的标签，然后开始责骂孩子。

其实，无论孩子做错什么，父母最不该的就是先责骂孩子，而是应该耐心一点儿，听听孩子的解释，了解事情的真相，然后具体问题具体分析。当孩子感觉被包容、被理解时，他才敢在你面前说真话，才不会为了掩盖自己的谎言编造更大的谎言。

3. 当孩子向你坦白之后，请表扬他的诚实

前面我们说了，责骂孩子，并不能帮助孩子改掉说谎的习惯，我们不妨换一种方式与孩子沟通，引导孩子说出他内心真实的想法，以此了解孩子说谎背后的真实需求。如果孩子按你要求坦白了一切，请你务必表扬孩子这个勇于认错的行为。让孩子明白，犯错并不可怕，勇于承认错误是一种勇气。当孩子发现，说实话的后果不会很糟，他又怎么会选择说谎呢？其实，孩子说谎的时候，他的内心也是充满恐慌的。

场景模拟

场景一

妈妈在厨房忙碌，哥哥和妹妹在客厅玩耍，突然，“砰”的一声，客厅传来玻璃碎掉的声音，妈妈赶紧出来查看，发现酒柜上的醒酒器被打碎了。

妈妈：“你们谁来告诉我这是怎么回事？”

哥哥：“是妹妹将它打碎的。”

妈妈：“你个撒谎精，酒柜那么高，妹妹能将它碰下来？”

哥哥：“真的是她。”

妈妈：“你还狡辩，看我怎么收拾你。”

妈妈说完，狠狠地打了哥哥两下。妹妹本来想说什么，话到嘴边却吞了进去。面对这样的妈妈，她实在不敢承认，醒酒

器真的是自己打碎的。

场景二

妈妈在厨房忙碌，哥哥和妹妹在客厅玩耍，突然，“砰”的一声，客厅传来玻璃碎的声音，妈妈赶紧出来查看，发现酒柜上的醒酒器被打碎了。

妈妈：“你们谁来告诉我这是怎么回事？”

哥哥：“是妹妹将它打碎的。”

妈妈把视线转向妹妹：“你能给我叙述一下，你是怎么打碎它的吗？这个酒柜对你来说有点儿高。”

妹妹：“我想拿一只啤酒杯，给我的乌龟洗澡，所以我先爬上椅子，再爬上餐桌，然后恰好够到杯子。可是我不小心碰到了醒酒器。妈妈，对不起，我不是故意的。”

妈妈：“虽然你打碎了东西，但是你没有推卸自己的责任，也没有说谎话骗妈妈，还是一个好孩子。妈妈知道你不是故意的，妈妈不怪你。现在，你和妈妈一起把碎玻璃收拾干净吧。”

妹妹：“好的，妈妈。”

值得思考

当发现孩子说谎之后，切忌责骂孩子。严厉的惩罚会制造更大的谎言。在棍棒下长大的孩子，犯了什么错或有什么做得让家长不满意的地方，不是想着对自己的行为负责，而是想方设法为自己遮掩，说更多的谎话，以此来逃避父母严厉的责罚以及自己应负的责任。

善良：让孩子学会去爱

《三字经》是每个孩子都会学的国学经典，它开篇的第一句话就是："人之初，性本善。性相近，习相远。"它告诉我们，人的本性是善良的，善良是一个人与生俱来的品质。那为什么世界上又会有好人和坏人之分呢？这跟我们后天所受的教育和成长的环境息息相关。

苏联教育家苏霍姆林斯基说："谁要是没有受到过善良的教育，没有感受过与人为善的那种欢乐，谁就不能感觉到自己是真实而美好事物的坚强勇敢的卫士，他就不可能成为集体的志同道合者。"

每个人都愿意和善良的人相处，因为善良是人性最安全的保障。当一个人被别人称赞善良时，这是对他最好的肯定和评价。一个人可以不聪明，但绝不能不善良。让孩子学会爱，教会他如何给别人带去温暖，是一件平凡而伟大的事。

个案回顾

某天，在接女儿回家的路上，女儿开始跟我分享这一天在学校发生的事，当说完今天吃了什么、玩了什么、学了什么之后，女儿跟我说道：“爸爸，今天小雨又哭了。”

“她为什么哭了呢？”我对她的话题表示很感兴趣。

“因为小如把她推倒了。”女儿回答道。

“你有没有把小雨扶起来？”我问女儿。

“我把她扶起来了，但是扶起来之后，她又被小如推倒了。”女儿的口吻有点儿无可奈何。

“宝贝，如果你遇到相同的情况，你能保护自己不受伤害吗？”

“妈妈，之前小如也推过我，我大声警告她，不可以推我，然后她就开始推小雨了。”女儿骄傲地说道。

“那你有没有大声告诉小如，也不能推小雨啊？”我继续问道。

“没有，小雨又不是我朋友。”女儿诚实地回答。

“可是，小雨是你同学啊。而且欺负人是不对的，看到不对的行为，我们应该想办法制止。你并不怕小如，对不对？”

“我知道了，爸爸。假如明天她再欺负小雨，我就勇敢地制止她。”

第二天放学后，女儿迫不及待地告诉我当天发生的事：“爸爸，今天午睡起床后，小如又想将小雨推倒，我大声告诉小如，不可以将同学推倒，小如真的就没有再推小雨了。”

“是吗？你真是个勇敢又善良的孩子。”我由衷地对女儿的行为表示赞赏。

我之所以鼓励女儿保护小雨，是因为我知道女儿有能力保护自己不受伤害。我希望女儿在保护自己的同时，能够力所能及地帮助他人，因为除了爱己，还需爱人。

案例分析

相对于孩子是否懂得关心他人，我们常常更关注孩子是否快乐，是否学业有成。但是，除了这些，孩子还需要学会平衡自己和他人的需要，比如在他人被人欺负时要不要挺身而出。

其实，在父母要求女儿帮助他人之前，应该首先问女儿："如果你遇到相同的情况，你有没有能力保护自己不受伤害？"当得到女儿肯定的回答及具体的应对方式之后，再引导她帮助他人。

毋庸置疑，善良是一种珍贵而伟大的品质，我们希望孩子成为一个善良的人。但是，让孩子学会爱，并不是让孩子无私地奉献和牺牲。每个人的生命都是平等的，都极其重要，我们在教孩子保护他人的时候，首先要教会他保护自己，这一点非常重要。

现在试试这样做

每一个孩子天生就具备同情心和仁爱心，孩子的善良是很多大人都无可比拟的。但是关爱他人却是一种能力，掌握爱的能力就像掌握其他技能一样，都需要通过练习才能获得。那么，我们要如何让关爱他人变成孩子的一种习惯呢？

1. 关注孩子能否关爱他人、融入集体

人是群居动物，任何人都不能脱离这个社会而独立存在，孩子在很小的时候，他的人际关系网络可能只是父母或者他的照料人，但是随着孩子的成长，老师、同学、邻居、亲戚等陆续加入进来，成了他社会关系网中的重要组成部分。当孩子和其他人打交道的时候，我们要注意询问孩子是否有关爱他人的表现。比如，问问孩子：“你今天有没有帮助你的老师或同学？”问问老师：“孩子在学校的时候，能否融入集体、对他人关心友爱？”

2. 教会孩子尊重他人，关注他人的感受

我们需要告诉孩子，关注自身感受的同时，关心他人的感受也同样重要。我们应该提高对孩子道德的期望值，培养孩子的同理心。比如，孩子因为一些事情要退出一些集体活动的时候，要让孩子考虑到自己的行为对他人有何影响，让孩子明白自己对集体所应承担的责任，让孩子思考一下，除了这个方法，是否能使用别的方法来解决问题，关注自身的同时，不让他人蒙受损失。

3. 懂得感恩，让孩子学会说“谢谢”

让孩子明白，没有人有义务帮他做任何事，即使是父母，也应该表示感谢。我们要将感恩变成日常生活的一种习惯，无论是吃饭、睡觉，还是工作、学习，无论对方给予了我们什么帮助，即使只是举手之劳，我们也应该真诚地跟对方说一声“谢谢”。研究表明，懂得感恩的孩子，常常也是一个乐于助人、慷慨大方、心胸宽广、富有同情心的人。这样的孩子往往更快乐、更健康。

场景模拟

场景一

妈妈和女儿一起整理房间，在一个玩具箱里发现了一个断了腿的小兔子玩偶。

女儿：“妈妈，为什么小兔子的腿断了啊？”

妈妈：“你问我，我怎么知道啊？这是哥哥小时候的玩具，这么破了，也不知道扔掉。”

女儿：“它的腿已经断了，再扔掉它，多可怜啊。”

妈妈：“就是因为腿断了，才扔掉它啊。”

妈妈说完，从女儿手中拿过兔子玩偶，扔进了垃圾桶。

场景二

妈妈和女儿一起整理房间，在一个玩具箱里发现了一个断了腿的小兔子玩偶。

女儿：“妈妈，为什么小兔子的腿断了啊？”

妈妈：“我也不知道怎么回事，可能是哥哥小时候不小心弄断的。”

女儿：“妈妈，我们帮它把腿治好，好吗？”

妈妈：“好啊，我去找一些工具。”

妈妈放下手中的事，去找来针线包，帮女儿把小兔子的腿缝好。

女儿：“谢谢妈妈。小兔子的腿治好了。”女儿说完，亲了亲妈妈，又吻了吻小兔子，并把小兔子和她的新玩具放在了一起。

值得思考

一个善良的、富有同情心、懂得感恩的孩子，往往更容易获得幸福。孩子的任何能力和技能都需要通过练习才能获得，关爱他人也是如此。爱也是一种能力，你不教孩子做一个善良的、懂爱的人，孩子就不会懂得什么是乐于助人、慷慨大方。

第六章

自我控制：告别伤人的亲子关系

「导语」 关键词：忍耐 + 慈爱

任何人的耐心都是有限度的，或许我们一直都在给自己做心理建设，要做心平气和的父母，但是往往事与愿违。比如：你需要工作的时候，孩子却在旁边跑来跑去，时不时地来骚扰你；你刚收拾完房间，正准备坐下来好好休息，却发现你收拾过的地方又被孩子弄得一片狼藉；明明给孩子买了画板，他依然把客厅的墙画得一塌糊涂……面对孩子给我们制造的一个又一个麻烦，大多数人都做不到一直和颜悦色，很可能会在耐心用尽的时候大发脾气，甚至对孩子口出恶言。

美国著名心理学家阿黛尔·法伯曾说过："永远都不要低估父母的话对孩子一生的影响力。"幸运的人用童年治愈一生，不幸的人用一生来治愈童年。世界上有很多人，一辈子都活在语言暴力的阴影里，尤其是来自父母的语言暴力。

语言暴力不但可以"诛心"，还可以"杀人"。很多遭受语言暴力的孩子，一辈子都无法获得自我肯定的能力，甚至为了获得父母的认可，不惜走向极端。语言暴力正在瓦解、摧毁父母与孩子之间的亲子关系，父母一定要加以重视。

亲子教育，重要的不是孩子应该怎么做，而是我们该怎么做。要想与孩子和平相处，我们最应该做的是正确处理自己的坏情绪，培养自己的耐心，给孩子最大的信任，并懂得关爱自己，如此，我们才能在即将失控的状态中，找到平衡生活的办法。

控制情绪，不让坏情绪蔓延

每个人都有情绪，比如快乐、悲伤、厌恶、愤怒、恐惧、轻蔑、羞愧、内疚等。人与人之间，常常通过表达情绪来相互影响、相互适应，亲子关系也是如此。父母的情绪对孩子来说至关重要，甚至直接影响孩子的身心发育。

个案回顾

一次，我到一位朋友家做客。朋友有两个儿子，大的五岁，小的两岁。中午的时候，我和朋友正在聊天，他的两个儿子在游戏房里玩耍。突然，房间里传出孩子的哭声，我和朋友赶紧进去查看，原来是小儿子想要大儿子手里的皮球，大儿子拒绝给他，于是他开始哭闹起来。

朋友赶紧进屋哄他，看到爸爸到来，小儿子不但没有止住哭声，反而哭得更加厉害。当朋友想要把他抱起来的时候，他甚至对朋友又抓又打，拼命挣扎不让朋友抱。朋友试着拍他的后背哄他，但是依然毫无效果。

朋友见此情景就对我说道："我们出去吧，让他自己待一会儿。"

说完，朋友又蹲下来抚摸着小儿子的头说："宝贝，爸爸知道你现在很生气，但是你不可以用这样的态度对待爸爸，你想哭就哭吧，我们都不打扰你了，如果你想找爸爸，你随时可以出来，爸爸就在客厅。"说完，他站起来，嘱咐大儿子暂时出来玩耍，然后和我一起回到了客厅。

小儿子的哭声隐约地从屋里传出来，朋友依然若无其事地和我聊天。过了一会儿，屋里开始安静下来，我和朋友进屋查看，发现小儿子已经躺在地上睡着了，睡梦中的他还不时抽噎着。

案例分析

朋友没有制止孩子哭泣，也没有用愤怒回应孩子的愤怒，而是走到孩子身边，蹲下来抚摸着孩子的头，并告诉他可以尽情发泄自己的情绪，但是不能用伤害他人的方式。他在自我控制的同时，也教会了孩子如何正确处理自己的不良情绪。

很多时候，当孩子情绪失控时，大人也难免情绪失控。如果我们和孩子一样大声吼叫，或者孩子打人的时候，我们也用打他的方式回应，不但不会平息冲突，还会将矛盾升级。更重要的是，你会给孩子树立一个乱发脾气的"榜样"，在下一次情绪失控的时候，他也会用同样的处理方式解决问题。

现在试试这样做

父母作为孩子的第一任老师，千万不要教给孩子愤怒和暴躁，我们务必学会控制自己的情绪，尊重和理解孩子，我们要理解孩子的需求和行为，并对孩子的行为做出良性反应。如此，孩子才能学会正确处理自己的情绪，并懂得尊重和理解他人。

1. 按下暂停键，给彼此一个冷静期

当我们感觉愤怒的时候，最好告诉孩子："我们先冷静一下再说。"按下暂停键，让大家都安静一下。暂停不仅适合孩子，也适合所有的大人。它可以让我们冷静下来，想一想该如何应对这个棘手的场面，并站在孩子的立场，带着同情和尊重与孩子交流。心平气和地与孩子进行交谈，对任何人都有好处。

2. 宽容错误，避免重复犯错

人在愤怒的情况下，很容易做出错误的判断，从而无法对孩子做出正确的引导，孩子也不能很好地认识到自己的错误。假如孩子的行为不当，我们可以心平气和地与孩子一起立下约定，如果以后再犯同样的错误，就会得到怎样的处罚，以此让孩子感受到我们的爱和宽容，并反省过错，避免重复犯错。如果孩子一犯错，我们就怒火中烧，给予严厉的惩罚，不但会使孩子变得胆小怯懦，还会让孩子失去一颗宽容的心。

3. 不要把自己的坏情绪转嫁到孩子身上

现代社会，生活压力越来越大，有了孩子之后更是雪上加霜，身心疲惫的我们难免会有很多负面情绪。面对孩子，如果父母都无法很好地控制自己的负面情绪，就容易把这些情绪转嫁到孩子身上，把孩子当出气筒。冲孩子释放自己的不满情绪，对孩子来说是极其不公平的。孩子平白无故受到父母的责骂，心里的委屈可想而知，时间久了，孩子就会变得内向，变得反叛，更有可能对孩子的一生都会产生负面影响。

4. 接纳孩子的坏情绪

生活中，孩子之所以会愤怒、哭闹、扔东西，甚至攻击他人，都是因为不良情绪引起的。所以，很多父母视孩子的愤怒和不快为洪水猛兽。其实，所有人都有情绪，无论是成人还是孩子，都有发泄自己不快和愤怒的需要。对于处理问题时经验并不丰富的孩子来说，发脾气是表达自己感受最常见的方式，所以，作为父母，我们需要理解孩子的这种感受，学会接纳孩子的不良情绪，并帮助孩子处理不良情绪。

当然，接纳孩子的坏情绪并不是纵容孩子的坏脾气，容忍他损坏东西或攻击他人。任何时候，不管出于什么原因，决不允许故意伤害他人，或故意将东西损坏，我们应该明确界定这条不可触碰的底线，当孩子这么做的时候，我们应该用合理的方式疏导孩子的情绪，正确引导孩子用恰当的方式发泄他的不良情绪。

场景模拟

场景一

妈妈的方案突然被客户退回，她必须在晚上加班改方案，但是她刚写两个字，儿子就过来打扰她，本来就心情不佳的她更加烦躁。

妈妈：“你能不能安静一会儿？烦死了。”

儿子：“您这个表情好像一个老巫婆。”

妈妈：“你敢说你妈是老巫婆，皮痒了是不？”

儿子：“我不想要您这样凶的妈妈。您就是老巫婆。”

妈妈气急败坏，狠狠地揍了儿子一顿。

场景二

妈妈的方案突然被客户退回，她必须在晚上加班改方案，但是她刚写两个字，儿子就过来打扰她，本来就心情不佳的她更加烦躁。

妈妈："宝贝，妈妈需要安静一会儿，你能坐下来看一会儿书吗？如果你再这样下去，我感觉我就要生气了。"

儿子果然安静了下来，他知道妈妈在克制自己，但是他真的不想看书，于是说道："可是妈妈，我现在有点儿不想看书。"

妈妈："那你可以在客厅自由玩耍，妈妈在书房加班，在妈妈工作没有完成之前，不要再来打扰妈妈，好吗？"

儿子愉快地答应了妈妈的要求。

值得思考

亲子教育，教的不是孩子，而是家长。自我控制，不让自己的坏情绪蔓延，接纳孩子的情绪，体察孩子的感受，理解孩子的想法，是为人父母需要学习的重要课程。

好话好说，学会正确地表达自己

对孩子的教育，如何把握分寸是一个难题。管教孩子的初衷是爱孩子，是想帮助和保护孩子，引导孩子成为一个健康、积极、向上的人。因此，不管在什么情况下，我们管教孩子表现出来的应该是爱，而不是愤怒，在管教孩子的过程中也绝对不可以伤害和羞辱孩子。

道理谁都懂，但当孩子不听话的时候，我们依然很难做到心平气和，往往会对孩子说一些不该说的话，做一些不该做的事，无意中对孩子造成一些伤害。

个案回顾

堂嫂是一个性格暴烈的人，虽然没什么坏心思，但是说出来的话永远不好听，即使对她的孩子也是如此。

这天，孩子们去公园玩耍，公园里有一个儿童玩耍的区域，孩子们都很兴奋，在那里疯跑着。看到孩子横冲直撞的样子，堂嫂满脸写着担心，生怕孩子磕着碰着。当她的儿子手脚并用地爬上一个滑梯的时候，堂嫂终于忍不住了，大声对儿子吼道：“爬那么高干什么？小心摔死你！”儿子听了妈妈的话，顿时就像泄了气的皮球，连玩耍的心情也没有了，无精打采地坐在一边看同伴玩耍，但堂嫂却好像并没有意识到自己的话有什么不对。

还有一次暑假，堂嫂带着儿子去海边玩耍，盛夏的海边，阳光异常毒辣，堂嫂想让儿子涂上防晒霜，戴上遮阳帽，再穿上一件防晒衣，儿子同意戴遮阳帽，但就是不愿意涂防晒霜，也不愿穿防晒衣，理由是他觉得防晒霜是给女孩涂的。堂嫂见说服不了儿子，一下急眼了，朝儿子吼道：“赶紧涂上！外面太阳这么大，你不知道吗？如果你不涂的话，晒死你活该！”儿子被妈妈一顿责骂，度假的好心情一下子就没有了。

案例分析

明明内心对孩子充满关心，却说出充满了责备、恐吓，甚至是诅咒的话语。堂嫂这样跟孩子说话，是因为她不爱自己的孩子吗？明显不是。她和世上的大多数父母一样，深深地爱着自己的孩子，只是她的爱让孩子完全感受不到。

再次强调，父母对孩子的爱超越任何人，没有哪个父母不希望自己的孩子健康快乐、平安顺遂。但是，在养育孩子的过程中，我们常常表现得不那么爱孩子，就像堂嫂那样，不会正确地表达自己，最终好话变坏话，让亲子关系受到严重的伤害。

现在试试这样做

大多数父母都不会相信自己曾多么恶劣地伤害过自己的孩子，但事实确实如此，当孩子不那么听话的时候，当我们的负面情绪不断升级的时候，我们都曾对孩子恶语相向。但是没关系，我们都不完美，也不可能做到永远心平气和，只要我们能认识到自己的错误，及时改变自己，好话好说，学会正确地表达自己，孩子依然会像从前那样爱我们。

1. 正确识别自己的情绪，做到一致性表达

情绪、表达不一致导致的直接结果就是好话不会好好说，当我们的爱和关心变成语言传达给孩子之后，就变成了批评和责备。案例中的堂嫂就是典型的例子。

孩子从滑梯上往上爬，的确存在很大的风险，害怕孩子发生危险是堂嫂内心的真实情绪，堂嫂最正确的做法是把自己的真实情绪表达出来："宝贝，上滑梯的时候从侧边的梯子上，不可以从滑道往上爬，这样就不会发生危险了，也不会妨碍其他小朋友正常玩耍。"关于涂防晒霜的事，堂嫂可以这样对孩子说："宝贝，海边的太阳毒辣，不涂防晒霜的话会被晒伤，晒伤后不但会变黑，还会很疼。防晒霜和防晒衣都能更好地保护你哦。"如果堂嫂能够心口合一，表达一致，相信孩子能够很愉快地接受妈妈的建议。

2. 话到嘴边停三秒，不要让恶言从嘴巴里跑出来

可以说，父母对孩子的爱超越任何人，可是在实际教育过程中却往往出现偏差，我们明明想要给孩子最深的爱，但是说出来的话却是那么恶毒，甚至带着些许诅咒，如此一来，孩子不但感受不到我们的爱，内心反而受到伤害。

当我们发现自己的怒气值正在飙升的时候，话到嘴边，请及时按下暂停键，停三秒再说，把恶言恶语变成好言好语，让我们内心的真正想法和说出的话统一起来。下面我们做一组训练。

“死哪儿去了？到现在才回来。”——“你终于回来了，我很担心你的安全。”

“不能骄傲，比你考得好的人多得是。”——“考得真不错，继续努力。”

“把外套穿上，当心冻死你。”——“外套穿上，穿太少容易感冒。”

“你瞎啊？当心撞死你。”——“小心，不要撞到你。”

3. 逃离现场，将自己从愤怒中抽离出来

假如你感觉自己非常生气，即使停三秒也无法保证自己说出的话不会对孩子造成伤害，你可以暂时逃离现场。当然，逃离现场并不是说把孩子扔在那里不管，你必须保证孩子的安全。除此之外，你的逃离不能让孩子产生“妈妈不要我了”的想法，这样会破坏孩子的安全感，得不偿失。你可以这样跟孩子说：“我现在感觉很生气，再在这里待下去，我可能就会发火了，我需要自己待一会儿，你也好好想想刚才的事。”然后你再离开。

场景模拟

场景一

妈妈和儿子正在过马路，儿子没有注意信号灯已经变红，继续往前走。

妈妈一把拉住儿子，气急败坏地说：“你眼睛瞎了吗？没看见是红灯啊？不想活了是不是？”

儿子赌气地甩开妈妈的手，不由分说地闯红灯过了马路，妈妈不得已也跟着追了过去，差点儿被车撞到。

场景二

妈妈和儿子正在过马路，儿子没有注意信号灯已经变红，继续往前走。

妈妈一把拉住儿子，心平气和地说："过马路的时候要拉着妈妈的手，遵守交通信号灯，并注意观察四周，交叉路口很容易出现交通事故，不仔细一点儿是非常危险的。"

儿子："知道了，妈妈。"然后儿子乖乖地拉着妈妈的手，站在路口等红灯。

值得思考

如果父母情绪稳定，懂得如何正确表达自己，孩子性格也可能相对温和，内心世界相对来说也很平稳。假如父母暴躁易怒，总是好话坏说，孩子的脾气也会很差，容易变得情绪化，彼此之间就会陷入沟通的死胡同，到最后根本就无法沟通。

无论什么时候，请相信你的孩子

在孩子的心中，父母是天，是地，是他的整个世界，越是年幼，这种对父母的依赖和信任便越深。毋庸置疑，父母是孩子最亲近、最信任的人。可是，大多数时候，孩子这难能可贵的信任都会被父母轻易辜负。

当孩子向父母寻求帮助的时候，我们常常都做不到无条件地相信自己的孩子，我们会质疑，会求证，或者是冷漠回应，甚至是嘲笑、贬低孩子。这会对孩子造成更加严重的二次伤害。

个案回顾

那天去朋友家吃晚饭，刚进屋子，正在上幼儿园的嘟嘟就把我拉进卧室，附在我耳朵边说道："叔叔，告诉您一个秘密，您不要告诉我爸爸，因为他会跟我们老师告密。"

我笑了笑说："放心吧，我不会告诉任何人的。"

孩子满意地点了点头，说道："今天午睡的时候，旁边的小朋友因为想妈妈，睡不着觉，于是我就像妈妈平日里哄我睡觉一样拍了拍她，想哄她睡觉，老师发现后说我打扰旁边的小朋友睡觉，罚我一个人坐在角落里，还把这件事告诉了我爸爸，爸爸下班后就狠狠地教训了我一顿。”

“宝宝受了这么大的委屈，为什么不把这些话告诉爸爸啊？”我摸着嘟嘟的头说道。

嘟嘟噘着小嘴说道：“我才不要告诉爸爸，他不相信我说的话。”

案例分析

当孩子和他人各执一词时，大多数父母都会选择相信他人，而不是相信自己的孩子。其实，对于孩子稚嫩的心灵来说，无论自己是否真的做错了，他们更加重视的是父母的态度。如果父母与他人站在一边，这对他们来说就是“背叛”，这会导致父母失去孩子的信任。

孩子在极度伤心、失望之下，就会认定自己的父母不值得信任和依赖，于是他们就会选择关闭心扉，独自承受外界给予的一切，哪怕受伤也闭口不谈。当孩子说出“大人都是骗子，我再也不会相信妈妈了”这样的话的时候，我们就应该反思我们是否已经失去了孩子的信任。

现在试试这样做

如果父母都不值得信任，那么对于幼小的孩子来说，这个世界上还有谁可以信任呢？他们又将如何去面对这个世界的欺骗和伤害呢？最良好的亲子关系就是彼此信任。作为父母，我们是孩子最信任的人，我们要维护好这份信任，永远成为孩子最信赖的人。

1. 信任孩子，不要随意贬低和质疑

家庭是一个人启程的地方，孩子在社会中生存的很多技能都是在家庭中学会的。心理学家认为，原生家庭对一个人的影响是久远的，甚至影响人的一生。对孩子来说，家就是他的避风港，如果这里充满了质疑、伤害、冷漠，那么孩子就会学会敌对和争斗。如果孩子带着怀疑的目光看待任何事，如何能感受到世界的美好？

如果家庭这个港湾是安全的，孩子能够在家庭中感受到友好和关爱，孩子就能在这里学会如何去爱，去友好地处理与社会的关系，去感知生活中的一切美好！

2. 信守承诺，保守与孩子之间的秘密

生活中，孩子总会说出一些童言无忌的话，也会做一些让人觉得好笑的事。“妈妈，您不要告诉别人哦。”当孩子发现自己做了一件很好笑的事情时，这样叮嘱妈妈。但是很多父母却把孩子的话当耳旁风，他们觉得孩子的糗事是一件有趣的事情，于是便把这件事说了出去，根本不管孩子会不会觉得难为情，久而久之，孩子就再也不敢在父母面前畅所欲言了。

所以，保守与孩子的小秘密，并信守和孩子约定的承诺，是培养孩子对父母信任感的关键因素。当我们学会尊重孩子的感受，能够做到言出必行，孩子对我们的信任感也会越来越强。

3. 树立榜样，做一个值得孩子信任的人

苏联著名教育家马卡连柯说：“父母对自己的要求，父母对自己家庭的尊敬，父母自己一言一行的检点，这是首要的和最基本的教育方法。”

对孩子来说，最好的教育是父母的以身作则。父母的一言一行，孩子都会看在眼里，记在心上。父母在为人处世的时候诚实守信，做一个值得信任的人，不但能教会孩子做一个讲诚信、有担当的人，还能获得孩子的认同感，成为孩子最信赖的人。

场景模拟

场景一

当妈妈冲进老师办公室的时候，看见小华垂手站在一旁，眼泪还在脸上挂着。

老师："小华妈妈，专门打电话叫你来是因为我们班有同学丢了新钢笔。很多证据表明是小华拿的。"

妈妈听了老师的话，一边道歉，一边打小华。妈妈疾言厉色地说道："你这个丢人现眼的东西，从小妈妈就告诉你，不能偷拿别人的东西。不赏你一顿板子我看你是记不住。"

小华："妈妈，我真的没偷。"小华哭着说他没拿过，不是他拿的。

妈妈："你给我闭嘴，你没偷老师会冤枉你？你真的想要新钢笔，跟妈妈说，妈妈会给你买。"

小华委屈地闭上了嘴巴。

几天之后，那位同学找到了自己的钢笔，原来是他自己放错了地方。老师和妈妈都跟小华道了歉，但是，小华心里的伤疤永远也无法愈合，因为最孤立无援的时候，他的妈妈竟然都不相信他。

场景二

当妈妈冲进老师办公室的时候，看见小华垂手站在一旁，眼泪还在脸上挂着。

老师："小华妈妈，专门打电话叫你来是因为我们班有同学丢了新钢笔。很多证据表明是小华拿的。"

妈妈帮小华擦干眼泪，然后问老师："你们所说的证据是什么？"

老师："体育课的时候，所有孩子都在户外上课，中途只有小华回过教室。而在这之后，那位同学的钢笔就不见了。"

妈妈听了老师的话，没有发表任何意见，转而问小华："儿子，你诚实地告诉妈妈，你有拿同学的钢笔吗？"

小华看着妈妈，坚定地说道："没有。"

妈妈听了，对儿子笑了笑，然后对老师说道："我儿子说他没有拿同学的钢笔，我相信他。"

老师："可是……"

妈妈："不能因为我儿子回过教室，就认定是他偷拿了钢笔。如果你们能证实钢笔确实是小华拿的，我会让我的孩子为他的行为负责；如果你们不能证明，我希望你们能给我的孩子道歉。"

老师听完，也觉得小华妈妈的话有道理，说再仔细调查一下。

几天之后，那位同学找到了自己的钢笔，原来是他自己放错了地方。老师和同学都跟小华道了歉。

放学后，小华迫不及待地回到家，紧紧地拥抱着妈妈，哽咽着说道："妈妈，您知道吗？我不怕别人冤枉我，只要妈妈相信我就足够了。妈妈，谢谢您相信我，您就是我的超级英雄，我爱您。"

值得思考

著名教育家陶行知说："教育孩子的全部秘密，在于相信孩子。"如果父母给予孩子足够的信任，孩子感受到父母的反馈后，就会朝着积极的方向继续发展。无论何时何地，面对什么样的事情，你都相信你的孩子吗？假如孩子和他人各执一词，你是相信孩子，还是相信他人？

自己快乐是孩子幸福的源泉

从孩子呱呱坠地的那一刻起，父母就想着给予孩子最好的一切，甚至完全失去了自我，为了孩子而活。很多父母的口头禅就是："我所做的一切都是为了你。"

个案回顾

女儿出生后，宋佳从职场上退了下来，成了一个全职妈妈。初为人母，她的内心充满了期待，也坚信自己能成为一个好妈妈。

毋庸置疑，养育孩子是一件非常耗费心力的事，很多妈妈从孩子降生的那一刻起就失去了自我，宋佳也不例外。每天，她都为了这个小小的婴儿手忙脚乱，疲于奔命，满身疲惫的她除了照顾孩子之外，没有一丝余力照顾自己。宋佳的全部生活都被这些鸡零狗碎的事情吞噬。

那段时间，宋佳变得暴躁又易怒，当女儿哭闹的时候，她就会极其不耐烦，毫无遮掩地对着孩子表现出厌恶，甚至对孩子大吼大叫。

一天，宋佳又因为女儿的事而崩溃大哭。她老公说："你最近太累了，需要出去放松一下。周末把孩子交给我吧，你给自己放个假，不做妈妈，不做妻子，只做自己。”

到了周末，宋佳真的把孩子交给了老公，约上闺蜜出去逛街。她们先去商场买了一身衣服，又去电影院看了一场电影，喝了久违的奶茶，吃了最爱吃的麻辣烫，最后还去做了全身SPA……宋佳所有的情绪都得到了释放，感觉到前所未有的畅快。

那次，虽然宋佳最后还是因为有点儿担心孩子而提前回家，但是暂时从疲惫的状态中抽离出来，宋佳就像又充满了电一样，感觉神清气爽。事实上，当宋佳回家之后，发现孩子并没有哭闹，老公把她照顾得很好。

后来，每隔一段时间，宋佳都给自己放一天假，让自己过一个没有孩子、没有老公的“单身”生活，好好地关怀一下自己，当她充完电回家，心情也会持续好上一段时间，对孩子、对老公也更加有耐心了。

案例分析

父母只有更好地爱自己，才能更好地爱家人，只有让自己感觉到快乐幸福了，才能让家人感觉到快乐和幸福。

然而，很多父母都忽视了这个根本性的问题，在有了孩子之后就失去了自我，把自己的全部时间和精力都放在了孩子身上，每天睁眼闭眼都是孩子饿了还是困了，哭了还是笑了，一切围绕着孩子转，完全丧失了自己的生活。

事实上，在养育孩子这件事上，事无巨细，为孩子操碎了心，并不能给予我们相应的回报。当我们的生活中只有孩子，我们就很容易对孩子的一切事情大包大揽，过度关注和保护孩子，会让孩子失去尝试并了解新事物的机会。孩子是在探索和犯错中学习的，每天被父母圈养在安全区域，最终只会成为一个依赖成性、难以独立、缺乏主见、胆小懦弱的“巨婴”，而不是一个独立自主、有责任、有担当的孩子。

现在试试这样做

瑞士心理学家卡尔·古斯塔夫·荣格说过这样一句话：“父母对孩子最不好的影响，莫过于让孩子觉得他们的父母没有好好过日子。”所以，拥有自己的生活，并过好自己的生活，是对孩子最好的教育。

1. 自我关怀，问问现在的自己是否感觉到幸福快乐

你首先是自己，然后才是父母。绝对不可让孩子打破你现在的生活，有太多因为孩子而筋疲力尽的父母，他们对生活充满抱怨，把日子过得一塌糊涂。

问问现在的你是否快乐，假如你的答案是否定的，那么请一定给自己放一个假，把自己从现有的生活中抽离出来，不做父母，只做自己。把自己照顾好了，让自己心情好起来，带着美好的心情去为自己爱的人做事情，你才会觉得那是享受，而不是牺牲和奉献。

2. 过好自己的生活，给孩子树立一个好的榜样

我们的人生观、价值观、做事的风格、对生活的态度都对孩子的成长非常具有影响力。假如你的生活毫无规划，得过且过，孩子也可能变成一个目标不清晰、生活无序的人；假如你们夫妻之间彼此忽视，感情淡漠，孩子也不太可能经营好自己的婚姻；假如你

的眼界只有家庭这一亩三分地，孩子又怎么知道外面那广袤的天地……只有我们保持对生活的激情，直面生活的艰难，做一个积极乐观的人，孩子才有可能成为一个逢山开路、遇水搭桥、不惧风雨的人。

所以，相对于给孩子定目标、做规划、谈理想来说，拥有自我，培养一些自己的小爱好，每天抽一些时间做一些有益身心的事，认真努力地去工作、生活，成为让孩子骄傲的人，努力为孩子树立一个好的榜样，才是你给予孩子最好的养分。

场景模拟

场景一

孩子："妈妈，为什么别人的妈妈都喜欢穿裙子、化妆，而我从来没看见您好好打扮过自己？"

妈妈："我还不是为了你。有那个化妆打扮的时间，我还不如研究一下新菜式，你正是长身体的时候。"

期末考试结束后，孩子拿回了一张不及格的卷子。

妈妈终于爆发："我累死累活都是为了你，你就回报了一份这样的卷子？你好意思吗？"

孩子："不要说什么都是为了我，您是为了您自己。您爱的并不是我，而是那个成绩优异的孩子。"

听了孩子的话，妈妈惊得目瞪口呆，似乎自己这么多年的坚持都在这个瞬间分崩离析。

场景二

孩子："妈妈，为什么别人的妈妈都不化妆、不穿裙子，但是您每天都会打扮得漂漂亮亮的呢？"

妈妈："因为妈妈除了是你妈妈，我还是我自己啊。爱美之心人皆有之，把自己打扮得漂漂亮亮的，我的心情才会好。带着美好的心情为我爱的人做任何事，妈妈都会觉得很幸福。"

孩子："妈妈，我问您，假如我长大后没有您所期望的那么优秀，您会不会对我很失望，或者是讨厌我？"

妈妈："我爱你，只因为你是我的孩子，而不是因为你取得多么大的成就。相较于功成名就来说，我更关心你是否快乐。"

当孩子听到妈妈的回答之后，感觉前所未有的安心。

值得思考

父母一生所做的每一个决定、每一次选择，对待生活的态度，都会对孩子的成长具有很深的影响力。疼爱自己，满足自己的需要，并不是自私，而是平衡生活的智慧，也是最佳的养育方式。当你学会关注自己的需要，照顾伴侣的感受，孩子也会从中学会重视他人的感受和需要。